SYLVANDIRE.

Imprimerie de Giroux et Vialat, à Lagny (Saint-Denis-du-Port.)

SYLVANDIRE

PAR

ALEXANDRE DUMAS.

3

PARIS,
DUMONT, ÉDITEUR,
PALAIS-ROYAL, 88, AU SALON LITTÉRAIRE.

1844.

I.

Comment le roi oublia de réparer l'injustice qui avait été commise vis à vis du chevalier d'Anguilhem et de ce qui s'ensuivit.

Dans des circonstances pareilles, quoique moins importantes, nous avons déjà vu Roger à l'œuvre. La résolution une fois prise, le lecteur sait donc quelle persistance il mettait à l'accomplir.

Huit jours se passèrent, pendant lesquels Roger aurait cru manquer à la confiance qu'il devait à sa majesté, s'il eût pensé le moins du monde à un projet qui ne devait être exécuté qu'en cas d'oubli. Mille idées se présentèrent à son esprit, toutes relatives à sa fuite, mais il les repoussa courageusement. Pendant ces huit jours il ne s'ennuya pas trop, quoique ses compagnons de la terrasse continuassent à s'éloigner de lui. L'espérance était toujours à ses côtés, et à chaque fois qu'on ouvrait sa porte, il croyait que le roi, atteint de repentir, allait réparer son erreur.

Le roi avait probablement autre chose à faire que de se repentir ; il ne se repentit donc point, et les huit jours s'écoulèrent sans que l'erreur commise à l'endroit du chevalier d'Anguilhem fût réparée.

La dernière minute de la dernière heure du dernier jour expirée, Roger revint sérieusement à son projet.

Il commença par examiner sa prison.

Une porte de chêne épaisse de trois pouces.

Une fenêtre à double grillage.

Des murs de quatre pieds de profondeurs.

Voilà ce qu'il reconnut.

Tout cela ne laissait pas de grandes espérances.

Roger ébranla la porte ; deux serrures et deux verroux répondaient de sa solidité.

Roger secoua les barreaux des fenêtres, ils étaient profondément scellés dans la muraille.

Roger sonda les murs : partout ils rendirent un son mat indiquant qu'ils étaient parfaitement compacts.

Il aurait fallu une pince pour faire sauter la porte.

Il aurait fallu une lime pour scier les barreaux de la fenêtre.

Il aurait fallu une pioche pour creuser les murailles de la chambre.

Roger n'avait rien de tout cela.

Mais il avait l'intelligence de l'homme élevé à la campagne, et habitué à se tirer de lui-même des mille petits embarras de la vie ; mais il avait cette patience du prisonnier qui poursuit pendant des heures, pendant des jours, pendant des années cette seule et unique pensée du prisonnier : la délivrance !

Il avait examiné l'intérieur ; il examina l'extérieur.

Comme d'habitude, on vint le chercher pour la promenade. En sortant de sa cellule, il traversa la grande chambre qui la précédait, et où continuaient de venir s'ébattre, toutes les nuits, les chats et les rats du voisinage.

C'était une espèce de magasin, avec une fenêtre non grillée, donnant, Roger ne savait où ; car on ne lui permettait pas de s'approcher de la fenêtre, et de son côté, il n'avait garde d'en demander la permission. Ce magasin était rempli de vieux matelas, de couvertures, de rideaux de serge et de bahuts; on eût dit la boutique d'un tapissier revendeur.

On comprend si les chats, les souris et les rats étaient à l'aise dans une pareille salle.

On fit suivre à Roger un long corridor; ce corridor se fermait par deux portes, l'une donnant sur la chambre qui précédait la sienne, l'autre sur un escalier tournant qui montait à la plate-forme.

Ces deux portes étaient soigneusement verrouillées; une sentinelle se promenait dans l'intervalle qu'elles laissaient entre elles.

Cette fois, Roger n'essaya même pas de lier conversation avec ses compagnons de captivité. Il avait sa pensée qui lui parlait, et à laquelle il répondait. Les deux heures se passèrent, de la part de Roger, à attendre le moment de rentrer dans sa prison. — Il était inutile de songer à fuir par la plate-forme, puisqu'il y avait deux portes à enfoncer et une sentinelle à surprendre.

Toutes ses espérances se tournaient donc vers la chambre formant magasin. Aussi en rentrant Roger l'examina-t-il avec plus d'attention qu'il ne l'avait fait encore. Le bruit qu'on entendait par la fenêtre indiquait que cette fenêtre donnait sur la rue. Il y avait dans le magasin assez de toiles à matelas et de couvertures pour fabriquer une corde.

Le tout était donc d'arriver à ce magasin.

Roger rentra dans sa chambre, et la porte

se ferma sur lui avec sa double serrure et son double verrou.

L'esprit du prisonnier était fixé sur un point : c'est que son évasion, si elle était possible, ne pouvait s'exécuter que par le magasin.

Roger n'était donc séparé de la liberté que par une porte, mais quelle porte! Un mur de chêne de trois pouces d'épaisseur s'emboîtant dans un mur de pierre.

Pas une vis, pas un clou du côté de la cellule de Roger; tout le mécanisme à l'extérieur, par conséquent pas moyen de dévisser les serrures et les verroux, eût-on même un instrument quelconque pour le faire.

Mais cet instrument on ne l'avait même pas.

On apporta au prisonnier son souper; il glissa un long regard à travers l'ouverture de la porte et entendit le cri des marchands qui passaient dans la rue.

Roger soupa, puis le souper fini, il se jeta sur son lit.

Alors il entendit un léger bruit, il tendit le cou et aperçut la petite souris qui rassurée par le silence se hasardait à venir manger de nouveau les miettes de sa table.

Cette fois Roger fut tout étonné de ne pas sentir la même horreur pour la race souriquoise : ce petit animal qui venait visiter le prisonnier et lui demander à vivre de son superflu, lui inspirait déjà plus d'intérêt que de dégoût; d'ailleurs Roger commençait à s'ennuyer et la petite visiteuse lui promettait une distraction.

Aussi voulut-il, dans son orgueil, lui adresser quelques mots d'encouragement, convaincu que la souris n'attendait que ces quelques mots pour venir à lui pleine de reconnaissance de l'honneur qu'il lui faisait ; mais la souris, au contraire, qui ne s'était hasardée dans la chambre qu'avec la conviction que son ennemi n'y était pas, eut à peine entendu la voix de Roger qu'elle disparut rapide comme un éclair.

Roger, après avoir murmuré contre l'injustice des hommes, murmura contre l'ingratitude des souris.

Puis la nuit vint : Roger se déshabilla et se coucha. Comme il était contre les réglements de la maison de donner de la lumière aux prisonniers, les prisonniers se couchaient avec le soleil.

Malheureusement pour Roger, il avait, depuis son départ d'Anguilhem, perdu l'habitude de se coucher de bonne heure. Pendant son séjour à Paris, au contraire, il avait contracté celle de veiller assez tard. C'était l'époque des petits soupers, et Roger ne se mettait guère au lit que vers les deux heures du matin. D'ailleurs, quand, à Anguilhem, il se couchait à huit heures du soir, c'était après quelque rude journée passée à chasser, à monter à cheval et à faire des armes. Alors la lassitude physique appelait bien vite le sommeil. Mais, dans sa prison, c'était bien autre chose. Cette turgescence vitale qui bouillonnait dans ses veines n'avait plus aucune issue pour s'échapper. Le sang montait à la tête du prisonnier; ses artères battaient comme s'il avait la fièvre. Il fermait les yeux et tombait dans cette espèce de somnolence qui n'est ni la veille, ni le sommeil. Alors les visions les plus extraordinaires lui passaient devant les yeux. La nuit s'écoulait à se tourner et à se retourner; puis, vers les deux heures du matin, il finissait par s'endormir d'un sommeil de plomb, dans lequel, au bout d'un certain temps, germait quelque rêve incohérent. Il lui poussait des ailes comme à un oiseau, et il s'envolait par la fenêtre. Il devenait souris et passait par dessous la porte; puis au moment où il courait sur les gouttières, ou traversait les plaines du ciel, les pattes ou les ailes lui manquaient tout à coup, et il se sentait rouler dans des profondeurs infinies, et se réveillait avant d'avoir touché le fond, le cœur bondissant, la poitrine haletante, le front ruisselant de sueur.

Alors jusqu'au jour, il n'y avait plus moyen de se rendormir.

Aux premiers rayons du soleil, Roger sautait en bas de son lit. Aussitôt il commençait à tourner autour de sa cellule comme un ours autour de sa cage, examinant murailles et fenêtres, mais finissant toujours par s'arrêter devant la porte.

Cette porte maudite, à laquelle il ne manquait que l'inscription désespérante pour ressembler à celle de l'enfer.

C'était pourtant par cette porte qu'il fallait passer.

On apporta à Roger son repas du matin ; Roger mangea vite, sema le plus de pain qu'il put à terre, jeta des miettes jusqu'à la porte et alla s'asseoir sur son escabeau, dans l'angle le plus éloigné de cette porte.

Grâce à toutes ces précautions, il vit poindre au bout d'un instant le museau aigu de sa voisine.

Malgré l'impunité avec laquelle elle avait parcouru la chambre la veille et les paroles encourageantes que Roger lui avait adressées, la petite bête hésita longtemps à se hasarder plus avant. Elle retira son museau, le repassa, le retira encore, puis enfin, attirée par ces miettes éparses sur le parquet, et surtout par l'immobilité de Roger, elle s'élança dans la chambre, s'arrêtant comme effrayée elle-même de sa hardiesse ; mais bientôt, rassurée par l'impunité, elle se mit à grignotter les miettes avec une foule de petites mines, de petits bonds, de petits gestes qui amusèrent fort Roger. Roger n'aurait jamais cru qu'une souris pouvait devenir une bête si distrayante.

Malheureusement Roger qui était resté immobile comme une statue, sentit la crampe gagner sa jambe gauche. Il fit alors un mouvement si articulé que la souris se sauva.

Roger réfléchit alors qu'il y aurait deux cas où il pourrait faire comme la souris venait de faire, le premier s'il était à la taille du trou, le second si le trou était à sa taille.

Il était évident qu'un des deux cas seulement rentrait dans les choses possibles.

Ce point bien démontré à Roger, comme c'était ainsi que nous l'avons dit, un esprit parfaitement logique, il se posa la question suivante :

Par quel moyen creuse-t-on le bois ?

Et il se répondit : par deux moyens.

— Avec le fer.

— Et avec le feu.

Se procurer un instrument de fer était chose impossible.

Se procurer du feu n'était que chose difficile.

Roger s'arrêta à cette conclusion.

— Il faut que je me procure du feu.

Malheureusement il n'y avait pas moyen de se plaindre du froid. On était en plein été, et Roger sentait bien qu'il n'aurait jamais la patience d'attendre jusqu'à l'hiver. D'ailleurs, d'ici là, il pouvait prendre au gouverneur l'idée de le faire changer de logement.

Roger se mit donc à réfléchir au moyen de se procurer du feu.

Le même soir son plan était arrêté.

A neuf heures, la sentinelle qui veillait dans le corridor crut entendre des gémissements; elle écouta successivement aux deux bouts de la galerie, et s'assura que les gémissements venaient de la chambre de Roger.

A dix heures, comme la première ronde passait, la sentinelle fit part de ses observations à l'officier qui le commandait; l'officier s'approcha de la porte et s'assura de la vérité du rapport de la sentinelle. Des plaintes, des gémissements se faisaient entendre du côté de la chambre de Roger, et comme Roger était seul de ce côté, il n'y avait pas à s'y tromper. C'était lui qui gémissait et qui se plaignait.

On appela un geôlier.

Le geôlier vint, ouvrit la porte de Roger et trouva le prisonnier étendu sur son lit et se plaignant d'atroces douleurs d'estomac, On appela le médecin de la maison, lequel monta et ordonna au malade des infusions de tilleul, le thé n'étant pas encore inventé à cette époque.

Le lendemain, Roger demeura couché, se plaignant toujours de ses douleurs, qui ressemblaient, disait-il, à des brûlures. Vers les deux heures, il n'en mangea pas moins un potage qu'on lui apporta de la table même du gouverneur. Mais le potage avalé, les gémissements recommencèrent; le médecin monta de nouveau, et Roger déclara au médecin qu'il avait la certitude qu'on voulait l'empoisonner.

Le médecin employa aussitôt les contrepoisons; mais, comme il s'en était bien douté, il ne retrouva aucune substance vénéneuse dans ce qu'avait mangé le prisonnier.

Roger n'en persista pas moins à se regarder comme victime d'un empoisonnement, et, à partir de ce moment, déclara qu'il mourrait plutôt de faim que de manger aucun aliment qui ne serait pas préparé par lui-même.

Tout le reste de la journée, Roger tint parole : il ne toucha point à son souper, que le lendemain le gardien retrouva intact en lui apportant son déjeuner.

A l'heure de la promenade, Roger demanda à sortir ; mais on lui dit que cette heure avait été changée. On craignait que si Roger se trouvait sur la plate-forme avec les autres prisonniers, il ne se plaignît à eux d'avoir été empoisonné, et que cette calomnie ne fût acceptée par ses compagnons comme une vérité.

On vint donc le chercher vers cinq heures seulement. Roger n'avait pas mangé depuis la veille à midi; il était fort pâle et paraissait fort souffrant : il ne put demeurer debout sur la plate-forme et l'on fut forcé de lui apporter un siége. Il resta tout le temps assis.

En rentrant dans le magasin qui précédait sa chambre, il se trouva mal, mais sans s'évanouir tout à fait; alors d'une voix affaiblie il demanda de l'air et on le conduisit vers la fenêtre.

Roger alongea la tête hors de la lucarne, et vit que cette ouverture donnait sur le quai de la Vallée de misère. Soixante pieds au moins le séparaient de terre, et comme toutes les autres croisées des étages inférieurs étaient garnies de barreaux de fer, il vit au-dessous de lui une forêt de grilles dont les pointes étaient tournées de son côté. Roger frissonna à cette vue; ce que son gardien mit tout naturellement sur le compte de son état de malaise ; mais il n'en décida pas moins qu'il s'en irait par là.

Rentré dans sa chambre, Roger persista à refuser toute espèce de nourriture, continuant d'affirmer qu'il avait la certitude qu'on voulait l'empoisonner, et déclarant qu'il aimait mieux mourir par la faim que par le poison.

Une pareille accusation était trop grave pour ne pas préoccuper le gouverneur. Aussi se présenta-t-il le lendemain à l'heure du déjeuner chez son commensal : il retrouva le souper tel qu'il avait été servi la veille. Il y avait près de cinquante heures que Roger n'avait mangé.

Aussi Roger était-il très faible et très changé. Le gouverneur lui fit les protestations les plus rassurantes, lui offrit de goûter avant lui tout ce qu'on lui apporterait ; mais

Roger refusa constamment, disant que cette démonstration ne prouverait rien, attendu que le gouverneur, ou avant, ou après avoir mangé, pouvait prendre des anti-vénéneux, et neutraliser ainsi l'effet du poison.

Le gouverneur était fort embarrassé. On ne lui avait pas dit quelle était la cause de l'emprisonnement du chevalier d'Anguilhem. Ce pouvait être aussi bien pour une cause futile que pour une cause grave, et pour l'un ou l'autre cas, le roi pouvait vouloir, d'un moment à l'autre, qu'on lui représentât son prisonnier vivant, soit pour le remettre en liberté, soit pour le punir. Il demanda donc à Roger quel était son désir, lui promettant de faire tout ce qu'il pourrait pour le contenter, si toutefois ce désir était en son pouvoir.

Roger renouvela la demande qu'il avait faite déjà, c'est-à-dire de préparer lui-même sa nourriture, faute de quoi il déclara qu'il avait tant souffert, dans les deux empoisonnements qu'il avait subis, qu'il était prêt à se laisser mourir de faim.

Comme à tout prendre le gouverneur ne voyait pas grand mal à faire ce que demandait Roger, il lui accorda sa demande, en attendant, comme Roger était très faible, on lui monta deux œufs si fraîchement pondus, qu'ils étaient tièdes encore, et une bouteille de vin de Bordeaux.

Comme les œufs n'avaient aucune gerçure visible, comme la bouteille de vin de Bordeaux paraissait bouchée depuis longtemps, et que la cire en était complétement intacte, Roger ne fit aucune difficulté d'avaler les deux œufs et de boire un verre de vin de Bordeaux.

Il va sans dire que le prisonnier n'éprouva

aucune indisposition après avoir pris ce léger repas.

Mais tout léger qu'il était, il rendit quelques forces à Roger. Roger, qui n'était pas habitué au jeûne, avait horriblement souffert de celui qu'il s'était imposé, et si le gouverneur n'était pas venu le tirer si obligeamment d'embarras, peut-être n'aurait-il pas eu le courage de jouer plus longtemps la comédie qu'il avait entreprise.

Enfin il était arrivé à son but. On lui monta un réchaud, un soufflet, du charbon, quelques plats, quelques casseroles de terre, puis des œufs, des légumes, du beurre.

De plus une grande fontaine pleine d'eau.

Roger était chasseur, ce qui veut dire que plus d'une fois dans ses courses sur le terroir d'Anguilhem ou sur les terroirs voisins, il avait eu l'occasion d'apprêter son dîner lui-même. Il ne fut donc pas le moins du monde embarrassé lorsqu'il s'agit de se servir des ustensiles qu'on lui avait apportés; et soit que le jeûne l'eût préparé à trouver ce repas bon, soit qu'effectivement il eût des notions acquises ou instinctives sur l'art culinaire, soit comme le dit Brillat-Savarin, de gastronomique mémoire, qu'il fût devenu cuisinier ou qu'il fût né rôtisseur, il fit parfaitement honneur au dîner qu'il s'était préparé lui-même.

La nuit qui suivit ce repas, aucun gémissement ne troubla la sentinelle à laquelle on avait cependant recommandé d'avoir l'oreille très active. Aussi, cette nuit, Roger qui se doutait qu'une suprême surveillance avait été recommandée, se contenta-t il de dormir, et même, comme il n'avait probablement pas dormi depuis qu'il était en prison.

Le lendemain, le gouverneur vint s'informer lui-même de la santé de son prisonnier. Il le trouva levé et occupé à préparer son déjeuner. Ces excellentes dispositions dispensaient le digne officier d'un long interrogatoire; il se contenta donc de demander à Roger des nouvelles de sa santé et de recevoir ses remercîments; puis il prit congé de lui avec ce même regard vague, cette même immobilité de lèvres que le prisonnier avait remarqués chez son hôte, lors de la première visite qu'il avait reçue chez lui.

A cinq heures, on vint prendre Roger pour lui faire faire sa promenade accoutumée. La mesure adoptée par le gouverneur de ne pas le laisser communiquer avec les autres prisonniers, tenait toujours. Roger se promena donc seul et réfléchissant à son projet, qu'il avait décidé de mettre à exécution pendant la nuit du lendemain.

Le reste de la soirée et toute la journée du lendemain se passèrent sans encombre : rien ne vint déranger le projet arrêté. Les augures ne furent ni bons ni mauvais. Il n'y eut ni comète, ni éclipse de soleil. Roger n'éprouva donc pas même un moment d'indécision.

C'était un cœur ferme, au reste, comme nous l'avons dit en temps ordinaire, que le cœur de Roger, mais inflexible, surtout dans l'exécution d'une résolution prise.

Pourtant il vit venir la nuit avec un ardent battement de cœur; mais hâtons-nous de le dire, cette émotion ne venait pas des dangers auxquels il allait s'exposer, mais de la crainte que quelque circonstance imprévue ne vînt contrarier son évasion : il n'en soupa pas moins à son heure accoutumée et avec son appétit ordinaire, et lorsqu'on entra dans sa chambre, comme d'habitude, vers les huit heures du soir, on le trouva déjà dans son lit et tout accommodé pour y passer la nuit.

Il y avait deux heures à attendre : la première ronde passait à dix heures du soir et la seconde à trois heures du matin ; or, il arrivait quelquefois, rarement il est vrai, mais cela était déjà arrivé deux fois depuis que Roger était au Fort-l'Evêque, que l'officier se faisait ouvrir les portes des cellules, et visitait les murailles et les barreaux pour s'assurer que les prisonniers ne méditaient aucune tentative d'évasion. Roger ne pouvait donc rien entreprendre avant dix heures.

Et bien prit à Roger d'avoir attendu ; car à l'heure habituelle on commença à entendre les pas de la patrouille, puis les pas se rapprochèrent, puis la porte du grenier-magasin s'ouvrit, puis celle de la chambre de

Roger. Roger craignit un instant que tout ne fût découvert; mais il réfléchit bientôt que c'était chose impossible, attendu que nul préparatif fait d'avance ne pouvait le dénoncer, et qu'aucun confident ne pouvait le trahir : il fit donc bonne contenance et parut se réveiller du plus profond sommeil. Comme l'avait pensé Roger, ce n'était qu'une simple mesure de précaution, et l'officier, après avoir sondé les murailles, secoué les barreaux et visité la porte, sortit en disant : — Très bien !

Le prisonnier se souleva sur son lit, écoutant le bruit des pas qui s'éloignaient; puis, lorsque tout bruit, toute rumeur, tout écho se fut éteint dans les profondeurs de la prison, il descendit lentement de son lit, marchant pieds nus; il alla écouter à la porte. Tout était calme et silencieux. Il respira.

En un instant, Roger fut habillé.

Comme on l'avait arrêté tel qu'il était, et que Basque devait lui amener ses malles que, partant à franc-étrier, il n'avait pu prendre avec lui, Roger avait obtenu qu'on lui fît faire des chemises et qu'on lui achetât des mouchoirs. Il commença donc par tirer du bahut où était renfermé son linge tout ce qui pouvait se tordre en corde, se tresser en nattes, former enfin une espèce d'échelle. Alors il posa tout cela sur son lit, et, pour ne pas perdre de temps, il porta contre la porte un amas de charbon qu'il alluma; puis il revint à son échelle.

D'abord, les draps et les couvertures du lit y passèrent; puis au bout des draps et des couvertures déchirés par bandes, il tordit les chemises et natta les mouchoirs. Pendant ce temps le charbon s'allumait, et Roger, pour ne pas être asphixé, était obligé d'aller de cinq minutes en cinq minutes, respirer l'air à sa fenêtre. La nuit était parfaitement sombre et telle qu'il la fallait à un projet aussi hasardeux que celui de Roger.

Cependant, le charbon converti en braise faisait son œuvre. Une horrible fumée en était la conséquence; mais, par bonheur, le vent soufflait du côté de la fenêtre du quai, de sorte que toute la fumée refluait dans la chambre du prisonnier qu'elle eût certainement étouffé, s'il n'eût de temps en temps passé, comme nous l'avons dit, la tête à travers les barreaux de la fenêtre.

Roger entendit sonner onze heures et onze heures et demie.

Enfin, vers minuit, le trou pratiqué dans la porte et qui avait la forme de l'ouverture d'un four, lui parut assez grand pour qu'il pût y passer. Il éteignit le charbon avec de l'eau, déblaya l'entrée, l'élargit encore, en brisant les portions de bois calcinées, puis il se coucha sur le dos, et la portion de corde déjà préparée à la main, il se glissa comme un serpent, et en un instant il se trouva dans le magasin.

Là il commença de respirer plus librement; puis il alla écouter à la porte du corridor, et il entendit le pas lent et régulier de la sentinelle.

Tout allait bien.

Alors il s'achemina à tâtons vers l'endroit où il avait vu en passant un amas de couvertures, et il commença d'ajouter à la corde déjà préparée des bandes qu'il déchira sans bruit, et à l'aide desquelles il crut donner à sa périlleuse échelle une longueur suffisante pour le porter jusqu'à terre.

La corde préparée, il chercha un point où la fixer; mais la fenêtre ne lui offrit aucun crampon assez solide pour lui confier sa vie.

Il se souvint alors que son lit avait quatre colonnes destinées à porter autrefois un ciel aujourd'hui absent. Il rentra dans la chambre par la même voie qu'il en était sortie, dévissa une de ces quatre colonnes, repassa dans le grenier, noua par le milieu la corde à la colonne, plaça la colonne en travers de la fenêtre de manière à ce qu'elle fût assurée solidement; puis après avoir recommandé son âme à Dieu, avoir murmuré le nom de son père et de sa mère, après avoir adressé un dernier souvenir à Constance, il sortit à reculons par la fenêtre, et se cramponnant des mains et des genoux, il commença sa lente et effroyable descente dans l'abîme que, la surveille, il n'avait regardé qu'en frissonnant.

Comme nous l'avons dit, l'espace qui séparait la fenêtre de la terre était de plus de soixante pieds. Il fallait, outre le courage qui

avait fait entreprendre ce projet, une force
et une adresse merveilleuses pour l'exécuter.
Mais Roger était fort et adroit ; il ne se pressa en rien ; pas un de ses mouvements ne fut
plus rapide que l'autre : à chaque nœud il
s'arrêtait une seconde pour se reposer, se
servant de ses pieds pour s'éloigner des barreaux aigus des fenêtres. Il compta ainsi trois
étages devant lesquels il passa ; puis tout à
coup il ne se sentit plus rien entre ses genoux
il chercha vainement ; il était arrivé à l'extrémité de la corde. Il étendit les pieds pour
chercher un point d'appui quelconque, il ne
trouva rien ; il essaya de plonger son regard
autour de lui : la nuit était si noire qu'il ne
vit rien. On eût dit un abîme sans fond. Un
instant il eut l'idée de remonter et d'ajouter
de nouvelles bandes de toile à celles qu'il
avait nouées les unes au bout des autres, mais
il sentit que la force lui manquerait avant
d'être seulement à moitié chemin. Alors une

sueur froide lui monta sur le front. Il pouvait être aussi bien à vingt pieds qu'à deux pieds de la terre. Il comprit que tout était devenu une question de bonheur ou de malheur : que sa vie était entre les mains du hasard. Il se laissa couler jusqu'à la complète extrémité de la corde, puis, en murmurant quelques mots de prière, il s'abandonna à sa fortune et se laissa aller.

Presque aussitôt un cri de douleur mal étouffé retentit jusqu'à la sentinelle; la sentinelle donna l'alarme : on accourut avec des flambeaux, et l'on aperçut Roger évanoui et suspendu à l'extrémité d'une grille de fer, dont la pointe lui traversait la cuisse.

II.

Comment le roi se souvint enfin du chevalier d'Anguilhem et de ce qui s'ensuivit.

Lorsque Roger revint à lui, il se trouva dans une chambre inconnue. Un médecin était près de lui, et il était dans un lit plus propre et meilleur que ne le sont ordinairement les lits de prison, si bien qu'il se crut un instant en liberté; mais il n'en était pas malheureusement ainsi pour le chevalier. Le gouverneur l'avait fait momentanément transporter dans une chambre de son propre appartement.

La blessure était grave sans être dangereuse; seulement Roger éprouvait une grande faiblesse causée par l'énorme quantité de sang qu'il avait perdue. Sa première pensée fut de s'assurer s'il ne pourrait pas profiter de l'accident même pour tenter une seconde évasion. Sous prétexte qu'il avait besoin d'air il pria le médecin d'ouvrir la fenêtre; la fenêtre, comme toutes les autres fenêtres du Fort-Levêque, était grillée en dehors.

Lorsque le chirurgien sortit, recommandant à Roger de prendre du repos, Roger entendit qu'on refermait la porte derrière lui à deux serrures. Roger était dans une prison un peu plus commode, un peu plus élégante, mais il était toujours en prison.

Le lendemain, le gouverneur lui-même vint lui faire visite, et s'informer près de lui des causes qui avaient pu lui faire entreprendre une évasion si dangereuse : il tenait, disait-il, à s'assurer que ce n'était ni le régime un peu frugal, ni les règles un peu sévères de la maison qui l'avaient porté à cet acte de désespoir. Roger répondit que non ; qu'il reconnaissait qu'on était aussi bien au Fort-l'Evêque qu'on pouvait l'être en prison, et que c'était le désir seul de recouvrer une liberté qu'il n'avait pas mérité de perdre, qui l'avait porté à cette extrémité. Le gouverneur le pria de signer cette déclaration qui, disait-il, devait être sa sauve-garde près de l'autorité, ce que Roger fit à l'instant même.

En effet, Roger voyait un sujet d'espérance dans cette déclaration même. Le pauvre garçon, dans la naïveté de son âme, se croyait toujours victime d'une erreur qui un jour ou l'autre ne pouvait manquer d'être reconnue. Or, c'était à son avis un moyen de reconnaissance que de faire mettre le plus tôt possible, et de quelque façon que ce soit, son nom sous les yeux de l'autorité.

Aussi cette simple circonstance redonna-t-elle un certain courage à Roger. Il faut si peu de chose pour rendre l'espérance à ceux-là même qui devraient désespérer.

Il attendit donc avec plus de tranquillité qu'il n'eût fait, sans cette circonstance, et sa blessure s'en trouva bien. Au bout de huit jours, Roger se leva, et au bout de quinze, il commença à pouvoir marcher seul dans sa chambre. Pendant cet intervalle, le gouverneur était venu le voir trois fois, et à chaque fois Roger avait demandé au gouverneur s'il était bien sûr que sa déclaration eût été mise sous les yeux du ministre de la police. Les deux premières fois, le gouverneur répondit qu'il l'espérait; mais à la troisième, il put l'affirmer au prisonnier, attendu qu'en récompense de la surveillance active qu'il avait déployée en cette occasion, il venait d'être nommé chevalier de Saint-Louis.

Le prisonnier félicita bien sincèrement le gouverneur sur la grâce que le roi venait de lui accorder, et ne douta pas qu'à la suite de l'enquête qui devait être faite à l'endroit de son accident, il ne fût lui-même prochainement mis en liberté. Il y avait même des moments où il pensait que son élargissement ne pouvait manquer d'être signalé aussi par une grande faveur de sa majesté; le roi, à son avis, était trop équitable pour laisser une pareille injustice sans réparation. Cependant il est juste de dire que Roger ne s'arrêtait à cette idée de suprême justice, que dans des moments d'optimisme que lui-même regardait comme un peu exagérés, du moment où ils étaient évanouis.

Cependant plus de quinze jours déjà s'étaient passés depuis la tentative d'évasion que nous venons de raconter, et le chevalier allait de mieux en mieux, lorsqu'un soir le gouverneur entra dans sa chambre.

— Monsieur le chevalier d'Anguilhem, dit-il de se voix habituelle et sans que Roger pût rencontrer son regard vague, levez-vous, et habillez-vous.

— Comment que je me lève et que je m'habille ? répondit Roger.

— Oui, monsieur, nous nous séparons.

— Ah ! dit Roger, je savais bien qu'un jour où l'autre mon innocence serait reconnue.

Le gouverneur ne répondit rien.

— Monsieur le gouverneur, dit Roger en

s'habillant à la hâte, croyez vous que si l'on m'interroge sur vous, je m'enpresserai, comme je l'ai déjà fait, de rendre justice à vos bons procédés à mon égard.

Le gouverneur s'inclina sans répondre.

— Et que si, par moi, ou mes amis, je puis vous être agréable en quelque chose, je saisirai l'occasion, non seulement avec empressement, mais avec reconnaissance.

Le gouverneur balbutia quelques mots inintelligibles.

—Mais, dit Roger, je suis encore trop faible pour aller à pied, auriez-vous la bonté, monsieur le gouverneur, de dire qu'on me fasse avancer une voiture.

— Il y en a une à la porte, monsieur.

— Alors, merci, très bien, monsieur le gouverneur, je ne dirai pas au plaisir de vous revoir chez vous, mais chez moi, ancien hôtel Bouzenois, place Louis-le-Grand.

Le gouverneur s'inclina de nouveau sans répondre ; mais comme le chevalier était prêt, il n'y fit pas grande attention, tendit la main au gouverneur, et, s'appuyant sur le bras d'un soldat, il sortit.

Le chevalier s'avança jusqu'à la porte au milieu d'une double haie de gardes ; à la porte il vit effectivement une voiture qui l'attendait, et il se retourna une dernière fois pour saluer le gouverneur, mais le gouverneur était resté en arrière.

Roger monta dans la voiture assez légèrement pour un blessé, et, pendant qu'on refermait la portière, cria d'une voix allègre :
— Place Louis-le-Grand, hôtel Bouzenois.

Il lui semblait qu'un éclat de rire répondait à cette désignation d'adresse, mais il n'y

fit pas attention, alongea sa jambe blessée
sur la banquette de devant et s'accouda dans
l'angle de la voiture.

Au bout d'un instantil s'aperçut que deux
mousquetaires galoppaient aux deux côtés de
sa voiture : cet excès d'honneur que lui faisait sa majesté de le faire reconduire chez
lui avec une escorte, commença d'inquiéter
Roger.

Puis il lui sembla qu'au lieu de descendre
le quai le carrosse traversait la Cité; ce n'é-
tait pas le moins du monde le chemin de la
place Louis-le-Grand.

Roger s'approcha alors de la portière, interrogea les gardes; mais sans doute le bruit
des roues de la voiture et le piétinement des
chevaux sur le pavé empêchaient qu'ils
n'entendissent, car il eut beau renouve-

ler ses questions, ils ne répondirent à aucune.

Enfin après avoir roulé un quart-d'heure à peu près, Roger aperçut un grand bâtiment isolé ; il mit la tête hors de la portière, fixa les yeux sur cette masse noire qui se découpait dans l'ombre, et, à son grand effroi, il reconnut la Bastille.

Ce que Roger avait pris pour un élargissement, c'était une translation, et la grâce que le roi lui avait faite, c'était de le tirer du Fort-l'Evêque pour le mettre à la Bastille.

On fit descendre Roger sous la voûte et on le fouilla comme c'était l'habitude pour les prisonniers qu'on amenait à la Bastille; puis on lui fit passer le pont et on lui ouvrit la porte du corps-de-garde. C'était là qu'il devait attendre que sa chambre fût prête.

Roger était tellement anéanti, qu'il ne fit pas un geste, qu'il ne proféra point une parole. Au bout d'un quart d'heure on vint le prendre. Un des mousquetaires qui avaient accompagné sa voiture lui présenta le bras, afin qu'il s'appuyât dessus. Roger se laissa conduire comme un patient qu'on mène à l'échafaud. Cependant, en passant dans un corridor plus sombre, il sentit que son guide lui glissait un petit billet dans la main. Il tressaillit.

— De la part du marquis de Cretté, dit tout bas le mousquetaire.

Roger voulut parler, mais le mousquetaire céda aussitôt la place à un camarade et s'éloigna.

Le prisonnier venait d'être fouillé, et n'avait par conséquent plus rien à craindre sous ce rapport. Il mit la main dans sa poche, y laissa tomber le billet ; puis il appuya son bras sur l'épaule de son nouveau guide. Bientôt on arriva à un escalier. Sans doute on avait eu égard à la blessure du prisonnier, car on ne le fit monter qu'au second étage. Parvenu là, on ouvrit une première porte, puis une seconde, puis une troisième, et Roger se trouva dans une chambre où, à la lueur des flambeaux qui le suivaient, il entrevit quelque chose comme un lit. Presque aussitôt la porte du cachot se referma ; il entendit les serrures et les verroux des deux autres portes grincer à leur tour. Il se trouva prisonnier de nouveau.

Comme il était très-fatigué, et que sa cuisse le faisait beaucoup souffrir, il s'orienta pour trouver le lit, et se dirigea du côté où il supposait qu'il devait être. Il le trouva effectivement; mais au moment où il s'asseyait dessus :

— Monsieur, dit une voix, puis-je savoir ce que vous désirez ?

— Pardon, monsieur, s'écria Roger en se relevant; mais j'ignorais que le lit fût occupé.

— Il l'est, monsieur, comme vous le voyez, dit la voix; et comme je suis le premier en date, vous permettez que je le garde.

— Comment donc, c'est trop juste, monsieur, répondit Roger; mais comme en votre qualité de premier en date, vous connaissez sans doute mieux que moi l'établissement, ayez la bonté de me dire s'il y a un fauteuil, une chaise, un escabeau, un siége quelconque enfin sur lequel je puisse m'asseoir. Je suis blessé à la cuisse, et je sens que si je me tenais debout plus longtemps, je m'évanouirais.

— Cherchez, monsieur, répondit la voix, il doit y avoir un fauteuil quelconque.

Roger chercha, étendant la main comme un homme qui joue au colin-maillard, et rencontra enfin le fauteuil annoncé.

Il s'étendit dedans et se mit à réfléchir.

D'abord au son de cette voix : il lui semblait l'avoir entendue quelque part, mais il ne pouvait dire où cela. Il eut beau chercher afin de l'appliquer à quelqu'un de sa connaissance, ses idées s'embrouillaient de plus en plus. Alors il songea que ce qu'il y avait de mieux pour le guider dans sa recherche, c'était de demander tout bonnement à son compagnon de captivité qui il était.

— Monsieur, dit Roger, quand on est destiné comme nous le sommes à habiter quelque temps, j'en ai peur du moins, la même chambre, ce qu'il y a de mieux à faire, c'est de lier promptement connaissance, afin de savoir à qui l'on a l'honneur de parler.

— Mais qui êtes-vous vous-même? dit la voix.

— Je suis Roger Tancrède d'Anguilhem.. prisonnier par erreur, dit Roger : et vous avez raison, c'est trop juste que je me nomme le premier. Et vous, qui êtes-vous?

— Moi, monsieur, je suis le numéro 158.

— Qu'est-ce que le numéro 158?

— C'est la dénomination qui a remplacé mon nom et mon titre. Demain, vous ne vous appellerez plus le chevalier d'Anguilhem ;

vous vous appellerez le numéro 159, 160 ou 161.

Roger frémit à l'idée qu'après avoir perdu sa liberté il allait perdre son nom, et qu'après avoir été un homme il allait devenir un numéro.

— Etes-vous donc ici depuis assez longtemps pour avoir oublié votre autre nom?

— Non, mais on me punirait peut-être pour m'en être souvenu, dit la voix.

— Diable! vous êtes prudent! dit Roger.

— Quand vous aurez été comme moi, dix ans, trois mois et cinq jours sous les verroux, répondit la voix, c'est, je vous en réponds, une vertu que vous pratiquerez à votre tour.

—Dix ans! s'écria Roger, dix ans, trois

mois et cinq jours ! j'aimerais mieux me briser dix fois la tête contre les murailles.

—Monsieur, dit la voix, vous trouverez bon que je ne vous réponde plus.

— Et pourquoi cela, s'il vous plaît?

— Parce que notre grand roi Louis XIV, que Dieu conserve, est bien le maître de nous appeler du nom et du numéro qu'il lui plaît, et de nous garder dans son château le temps qu'il lui convient.

—Oh! pour le coup, je vous reconnais, s'écria Roger, et vous vous êtes dénoncé par trop de prudence; vous êtes le comte d'Olibarus.

— Je ne suis pas le comte d'Olibarus, s'écria la voix; je suis le numéro 158.

En ce moment on entendit des pas dans le corridor.

— Ah! vous m'avez perdu, s'écria le pauvre comte, et c'est la seconde fois; la première, vous m'avez parlé sur la terrasse du Fort-l'Évêque, et comme on vous a vu vouloir vous échapper, on a cru que j'étais votre complice et l'on m'a transporté ici. Vous venez de me parler pour la seconde fois et l'on va me conduire dans quelque cachot, d'où je ne sortirai plus jamais.

On entendit ouvrir la première porte.

— Mais, monsieur le comte, dit Roger.

— Silence, monsieur, au nom du ciel, silence. — Taisez-vous, pas un mot : je ne vous connais pas; je ne vous ai jamais parlé; je ne vous ai jamais vu.

Et le comte d'Olibarus se roula dans ses

couvertures et tourna le nez contre la muraille.

Le pauvre prisonnier s'était trompé dans ses funestes prévisions ; on venait tout bonnement pour dresser un lit de sangle à son compagnon de chambrée.

Cette attention fit grand plaisir à Roger qui aurait momentanément été assez satisfait de sa position, s'il avait pu lire le billet de Cretté qu'il tournait et qu'il retournait dans sa poche ; mais les gardiens ne s'éloignèrent pas un instant pendant tout le temps qu'on fit le lit, ce qui, du reste, ne fut pas long, et quand ils s'éloignèrent, ils emportèrent la chandelle.

Roger croyait être débarrassé de leur présence lorsque l'un d'eux revint sur ses pas et r'ouvrant la porte :

— A propos, dit-il, le dernier venu s'appelle le numéro 169.

Peste, dit Roger en lui-même, il paraît qu'entre le comte d'Olibarus et moi, il est arrivé dix locataires à sa majesté !

Et il se coucha donc avec cette douce consolation que, si la Bastille se remplissait dans cette progression, on serait bientôt obligé de mettre les plus anciens à la porte, ou de faire des chambrées de huit ou dix prisonniers, ce qui, dans le premier cas, remplirait entièrement ses désirs, ou dans le deuxième, lui procurerait au moins quelque distraction.

Sur quoi il se rendormit, tenant dans sa main le billet de Cretté qu'il se promettait bien de lire aux premiers rayons du jour qui pénétreraient dans sa prison.

Mais l'homme n'est pas plus sûr de lui dans e malheur que dans le bonheur. Roger dormit comme s'il eût été parfaitement heureux, et ne se réveilla qu'au grand jour. Il eut d'abord beaucoup de peine à se rappeler où l était. La vue du comte d'Olibarus assis sur son lit et recousant lui-même la houpe de son bonnet de nuit le déroutait entièrement ; mais, en regardant autour de lui, et en redescendant au fond de sa mémoire, Roger se rappela bientôt qu'il était à la Bastille.

Puis tous les détails de sa translation se représentèrent à son esprit, et il se souvint qu'un mousquetaire lui avait remis dans la main un billet de Cretté, qu'il n'avait pas pu lire la veille, et qu'il s'était endormi ce billet dans la main, en se promettant de le lire aux premiers rayons du jour.

Roger frissonna à l'idée d'avoir perdu ce billet, il se mit aussitôt à sa recherche et il le trouva heureusement sous son traversin.

Le billet de Cretté contenait ces quelques lignes :

« Je sais qu'on te transporte du Fort-l'Évêque à la Bastille, et par le moyen de Clos-Renaud, qui est lieutenant aux mousquetaires gris, je te fais passer ce billet. Ta femme n'est pas encore reparue, et dussé-je te désespérer, je te dirai que je ne la crois pas étrangère à ta détention. Le Royancourt est plus que jamais en faveur, et à la manière dont on m'a répondu quand j'ai sollicité ton élargissement, je suis convaincu que le coup vient de là. De plus on prétend avoir trouvé chez toi, écrite de ta main, je ne sais quelle chanson contre la Maintenon. Une de celles probablement que tu nous a chantées à Saint-

Germain. Tu vois bien qu'il n'y a que ta femme qui puisse avoir commis cette petite trahison.

« Nous ne pouvons donc rien pour te faire sortir ; mais tâche de t'échapper, accours chez moi. Deux ou trois déguisements seront prêts, tu courras nuit et jour, et en vingt-quatre heures tu seras à l'étranger. »

Cette lettre fut un coup de foudre pour Roger. Il croyait bien sa femme coupable, il se doutait bien que Sylvandire l'avait trahi ; mais qu'elle eût été jusqu'à le faire mettre au Fort-l'Évêque, voilà ce qui ne pouvait entrer dans son esprit. Il fallait cependant bien y croire, son arrestation avait dû faire du bruit ; il n'y avait pas de probabilité que Sylvandire l'ignorât, et si elle ne l'ignorait pas, si elle y était étrangère, comment se faisait-il, qu'elle ne fût pas à Paris pour solliciter sa liberté; comment n'avait-elle pas déjà mis en campagne tous les amis de maître Bouteau et de M. de Royancourt ; comment n'avait-elle pas sollicité et obtenu ce qu'on refusait bien rarement à une femme, c'est à dire une entrevue avec son mari ! cette entrevue fût-elle devant témoins. Il fallait bien croire ce que disait Cretté. D'ailleurs Cretté ne s'était pas trompé quand il avait prédit l'avenir ; à plus forte raison devait-il recontrer juste quand il racontait le passé.

Roger réduisit en morceaux impalpables le billet de Cretté, et le jeta dans la cheminée ; car à la Bastille, à partir du second étage, les chambres avaient des cheminées. Puis il se leva, en faisant à part lui les plus terribles projets de vengeance contre le marquis de Royancourt et contre Sylvandire.

Mais, pour se venger, il fallait-il être libre,

et Cretté lui disait qu'il ne devait pour cela compter que sur lui-même, convaincu que toute démarche de sa part serait inutile. Roger en vint donc à chercher quelque nouveau moyen d'évasion. Il s'en était fallu de si peu qu'il ne se sauvât du Fort-l'Évêque, qu'il ne voyait pas, au bout du compte, pourquoi il ne se sauverait pas de la Bastille.

Seulement, il y avait un grand empêchement à toute tentative de fuite; c'était la présence du comte Olibarus.

Roger réfléchit plusieurs jours à son projet; mais il eut beau réfléchir, il ne trouva rien. Pendant tout ce temps, son compagnon se montra de plus en plus prudent, évitant toute conversation et ne répondant à Roger que lorsqu'il l'appelait par son numéro.

Trois semaines s'écoulèrent, Roger passant ses journées à méditer un moyen d'évasion et à maudire la poltronnerie de son compagnon de chambrée, qui, aussitôt qu'il entamait ce sujet, le menaçait d'appeler la sentinelle. Plusieurs fois il lui avait pris des envies féroces d'étrangler le comte et de dire qu'il était mort d'une attaque d'apoplexie; mais heureusement Roger s'arrêtait toujours à temps, se réservant ce moyen suprême pour une dernière extrémité.

Nous avons avoué que, malgré sa préoccupation d'esprit, Roger avait le sommeil profond; Roger avait vingt-un ans à peine, et l'on dort bien à cet âge. Cependant il lui arrivait parfois, au milieu de son sommeil, d'entendre des bruits qu'il prenait pour une épisode de ses rêves.

Quant au comte, il paraissait encore plus adonné au sommeil que Roger, car presque toujours, lorsque Roger se réveillait, le comte dormait encore.

Cependant une nuit que Roger s'était couché retournant dans sa tête une combinaison naissante, et qu'immobile dans son lit et la couverture sur les oreilles, il ruminait toutes les chances bonnes ou mauvaises de ce nouveau plan, il lui sembla que le bruit singulier qu'il avait cru plus d'une fois entendre pendant son sommeil, se renouvelait ; il prêta aussitôt l'oreille avec la plus profonde attention, et reconnut que ce bruit était celui d'une lime sourde et venait du côté de la croisée au dessous de laquelle le comte Olibarus avait son lit. Alors sans interrompre son souffle, auquel il s'appliqua au contraire à donner toute la régularité et le calme du sommeil, il entrouvrit un œil et dirigea son regard vers la croisée, laquelle, malgré l'obscurité de la nuit, laissait toujours pénétrer une espèce de lueur qui se répandait autour d'elle. D'abord Roger ne distingua rien ; mais peu à peu sa vue s'habitua aux ténèbres, et alors il aperçut le comte Olibarus à genoux sur son lit et limant les barreaux de sa fenêtre.

Si jamais étonnement fut grand, ce fut, certes, celui de Roger. Aussi demeura-t-il quelque temps l'haleine suspendue. Aussitôt le comte qui n'entendait plus le bruit de sa respiration, s'arrêta. Roger comprit qu'il était épié, il fit un ou deux mouvements dans son lit, bâilla, s'étendit, murmura quelques paroles sans suite, comme un homme qui rêve et parut se rendormir. Le comte resta quelque temps l'oreille au guet, puis, lorsque la respiration de Roger se fut rétablie régulière et calme, il se remit à la besogne.

Il n'y avait pas de doute ; le comte d'Olibarus, cet homme si craintif, si timide, si prudent, préparait à son tour son évasion.

Roger se promit bien d'en prendre sa part.

Quatre heures du matin sonnèrent. Comme, selon toute probabilité, l'événement ne devait pas encore avoir lieu cette nuit là, Roger se rendormit.

En se réveillant, Roger trouva le comte aussi calme que d'habitude; il voulut alors lier conversation avec lui ; mais il n'y eut pas plus moyen que les autres jours ; le comte se plaignit même hautement du malheur qui le poursuivait, de rencontrer sans cesse sur son chemin un homme aussi compromettant que Roger.

Il y avait dans toutes ses plaintes un tel accent de bonne foi, que Roger, tout en regardant alternativement les barreaux et le comte, commençait à croire qu'il avait fait un rêve.

La journée s'écoula sans que par un mot, par une parole, par un geste, Roger parvînt à rien surprendre du secret du comte ; puis, la nuit vint ; Roger attendait la nuit avec impatience.

Cette fois, Roger ne s'endormit point, mais fit semblant de s'endormir. Le comte ne se tint pas moins coi et couvert pendant plus de deux heures, modelant sa respiration sur celle de Roger. Enfin, convaincu que son compagnon dormait, il se souleva sur les genoux et se mit à recommencer son travail de la veille et très-probablement des nuits précécentes. Roger le laissa faire avec la plus grande tranquillité.

Sur les deux heures, le comte s'interrompit, et se levant pieds nus, s'avança vers la cheminée. Puis il approcha l'escabeau et montant dessus, il parla à voix basse ; mais cependant pas si bas que Roger n'entendit ces mots :

— Demain, tout sera prêt.

Une voix répondit alors quelques paroles, mais ces paroles n'arrivèrent aux oreilles de Roger que comme un vain bruit, et il ne put rien entendre. Seulement le comte répondit :

— Eh bien ! à demain.

Puis il écouta. La même voix bourdonna dans la cheminée et il reprit :

— C'est dit, à deux heures.

Et il remit avec grand soin l'escabeau à sa place, regagna son lit, se recoucha et parut s'endormir.

Quant à Roger, comme il savait désormais à quoi s'en tenir, il se rendormit réellement.

La journée du lendemain se passa comme celle de la veille, sans que le comte trahit par aucun tressaillement, par aucune rougeur, par aucune impatience le projet arrêté pour la nuit suivante, il fut le même homme muet, craintif et tremblant, si bien que Roger qui, comme nous l'avons vu, avait une certaine puissance sur lui-même, restait en admiration devant le maître en dissimulation que le hasard lui avait donné et qui le surpassait de si loin.

Le soir vint, les deux prisonniers se mirent au lit. Roger seulement fit semblant de se deshabiller et se coucha tout vêtu. Sans doute de son côté le comte en fit autant. Bientôt tous deux ronflèrent d'autant mieux que ni l'un ni l'autre ne dormait.

Vers minuit, le comte se dressa sur son lit et se mit à scier le dernier barreau. Cela dura une heure à peu près. Puis il se leva, alla vers la cheminée, monta sur l'escabeau et dit : — Tout est prêt.

La voix répondit quelques paroles que Roger ne put toujours pas entendre, mais qui semblaient entrer parfaitement dans les désirs du comte; car il se contenta de répondre :

— Bien ! très-bien !

Puis le comte descendit de son escabeau et alla se jeter sur son lit.

Une demi-heure s'écoula.

Alors le comte se leva, alla écouter à la

porte de la chambre, et après s'être assuré que la plus grande tranquillité régnait dans l'intérieur de la prison, il demeura un instant immobile, et comme rêvant; puis d'un pas lent, et dont son compagnon de chambrée lui-même distinguait à peine le bruit, il s'approcha du lit de Roger.

Un instant Roger eut l'idée que le comte venait à lui pour l'assassiner et s'assurer ainsi de son silence; il se tint donc sur ses gardes, sûr, quoiqu'il fût sans défense, de venir facilement à bout d'un vieillard qui ne pouvait avoir pour armes qu'un stylet, qu'un couteau ou qu'un poignard; il se tint donc prêt à lui saisir le bras au moment où il le leverait sur lui.

Mais le comte ne leva pas le bras : il l'étendit seulement et lui toucha l'épaule.

Au même instant, Roger se trouva debout devant le comte qui recula d'un pas.

— Silence! dit le comte.

— D'autant plus volontiers que je sais tout, mon cher comte, répondit Roger.

— Comment cela?

— Il y a trois nuits que je ne dors pas, et que je ne vous perds pas, je ne dirai pas de vue, mais d'oreille.

— Alors vous devinez de quoi il est question.

— Parfaitement, et je suis prêt.

— Habillez-vous!

— Je suis habillé.

— A merveille!

— Vous voyez que vous me faisiez injure en ne vous confiant pas à moi.

— Vous êtes si jeune.

— Oui, mais j'ai de la résolution et du courage.

— Je le sais, et c'est pour cela que j'avais résolu de vous prévenir au moment où vous n'auriez plus besoin que de ces deux vertus ; le moment est arrivé, préparez-vous.

— Je suis prêt ! qu'y a-t-il à faire ?

Je suis parvenu à communiquer, comme vous l'avez vu, avec deux prisonniers de la chambre supérieure : l'un de ces deux prisonniers est mon ami, et nous allions fuir ensemble du Fort-l'Evêque, lorsque votre évasion à vous nous a fait envoyer à la Bastile ; heureusement nous n'avons été séparés que par le plancher, et nous sommes parvenus à communiquer l'un avec l'autre, par une ouverture pratiquée dans la cheminée. Nous avions une lime à nous deux ; chacun de nous a scié les barreaux de sa fenêtre. Nos deux voisins vont nous descendre une première corde qu'ils ont faite avec leurs draps et leurs couvertures, nous y ajouterons nos couvertures et nos draps, puis ils remonteront la corde l'attacheront à un des barreaux non sciés, et comme les deux fenêtres sont directement l'une au dessus de l'autre, nous descendrons, eux de leurs fenêtres, nous de la nôtre.

— A merveille.

— Alors cela vous convient ?

— Parfaitement.

— Maintenant, mon cher comte, que nous allons fuir ensemble, voyons, franchement, pourquoi êtes-vous à la Bastille, vous?

— Voulez-vous le savoir ?

—Oui, véritablement cela me fera plaisir,

dit Roger, je jugerai mon délit d'après le vôtre; vous avez été dix ans prisonnier, je saurai à peu près combien de temps le roi comptait me garder pour pensionnaire.

— Eh bien, j'ai eu l'imprudence de dire...

— Vous avez eu l'imprudence de dire, répéta Roger.

— Que le roi, continua le comte, en baissant la voix.

— Eh bien que le roi...

— Devenait aveugle, si bien...

— Si bien...

— Si bien, qu'il n'y voyait plus qu'avec les lunettes de madame de Maintenon.

— Comment! s'écria Roger; et voilà dix ans!

— Silence, donc!

— Voilà dix ans que vous êtes en prison pour cela?

— Dix ans, trois mois et cinq jours.

— Ah mon Dieu, mais, en ce cas, moi j'en ai pour toute ma vie.

— Qu'avez-vous fait?

— Moi? j'ai fait une ou deux chansons contre elle.

— Et on le sait.

— Il paraît que ma femme à livré les originaux.

— De votre écriture?

— De mon écriture.

— Alors, mon cher ami, comme vous le dites, c'est bien heureux pour vous d'avoir trouvé une occasion de fuite, car, comme vous venez de le dire, vous en aviez pour toute votre vie.

— Ou pour toute la leur, répondit Roger.

— Ce qui peut être encore fort long, reprit le comte ; les égoïstes vivent cent cinquante ans, comme les perroquets ; mais silence, voici notre corde qui descend.

Effectivement, le comte s'approcha de la cheminée, dans laquelle pendait l'extrémité d'un drap. Les deux prisonniers se mirent alors à attacher leurs draps et leurs couvertures bout à bout, avec celui qu'on leur descendait ; puis, lorsque cette opération fut finie, les prisonniers de l'étage supérieur tirèrent le tout à eux.

Le comte alors alla à la fenêtre, et, aidé de Roger, détacha les deux barreaux, qui ne tenaient plus que par une parcelle de fer, et qui, en se détachant, laissèrent une ouverture assez grande pour qu'un homme pût y passer.

Il fut convenu que le comte passerait le premier et Roger après lui.

Tous deux montèrent sur le lit, se tenant prêts.

On entendit le frôlement de la corde qui descendait.

Puis on vit un corps opaque ; c'était un des prisonniers de l'étage supérieur. Il toucha la terre sans accident et atttendit.

Le second passa à son tour, et arriva aussi sans accident près du premier.

Puis ce fut le tour du comte qui toucha le sol avec le même bonheur. Puis enfin, Roger sortit le dernier et arriva près de ses compagnons.

Il y avait, à vingt pas de là, une sentinelle

qui se promenait de long en large, tantôt tournant le dos aux fugitifs, tantôt revenant à eux. Il n'y avait pas moyen de fuir sans passer à dix pas d'elle ; il fallait sauter du rempart dans le fossé, traverser le fossé à la nage, remonter le talus opposé, se laisser glisser de là sur quelques maisons basses du faubourg Saint-Antoine, et fuir par les mansardes ou les gouttières. Il y avait de quoi se rompre le cou vingt fois.

Il n'en fut pas moins convenu qu'au moment où la sentinelle tournerait le dos, les quatre fugitifs se lanceraient, se fiant chacun à sa fortune et tirant de son côté.

Il fut fait ainsi qu'il était dit, le soldat accomplit dans toute sa longueur, sa promenade accoutumée, puis, il se retourna.

Au même instant, les quatre fugitifs coururent droit au fossé.

Roger entendit le qui-vive de la sentinelle,

vit un long éclair suivi d'une détonation, sentit rouler entre ses jambes un de ses compagnons, et comprit en même temps, à une sensation pareille à un violent coup de fouet, qu'il était atteint au côté ; mais il ne se lança pas moins dans le fossé, et commença de gagner l'autre bord à la nage. Pendant ce temps, il se faisait grand bruit à la Bastille. On voyait les fenêtres s'illuminer, des flambeaux courir, et les soldats criaient : « Aux armes ! aux armes ! »

Roger nageait toujours, l'eau empêchait qu'il ne sentit la douleur ; il atteignit donc le bord, pensant n'être que légèrement blessé ; mais à peine eut-il mis le pied sur le talus, qu'il sentit que les forces allaient lui manquer. Il rassembla alors tout son courage, et s'aidant de ses mains, il continua de gravir la pente gazonneuse ; mais il lui sembla que le ciel devenait couleur de sang ; un tintement pareil à celui d'une cloche bruissait à ses oreilles. Il voulut parler, appeler machinalement au secours, et sa voix expira dans son gosier. Alors il se releva battant l'air de ses mains, fit un dernier effort, dans lequel s'usèrent ses dernières forces et retomba évanoui.

Les deux autres compagnons continuèrent leur route; il était convenu, comme nous l'avons dit, que chacun ne songerait qu'à soi.

III.

Comment le chevalier d'Anguilhem passa du château de la Bastille au château de Châlons-sur-Saône et fit la route avec un exempt d'un caractère fort enjoué.

Le comte Olibarus était tué et Roger blessé dangereusement. On enterra le comte sous le n° 158, et l'on rapporta Roger à la Bastille.

Mais Roger était un Hercule ; au bout de

trois semaines, il se trouva sur pied, faible encore, mais parfaitement hors de danger. Au reste, ces deux accidents lui avaient fort calmé la tête à l'endroit des tentatives d'évasion, et il était du moins momentanément à peu près guéri de la manie de fuir.

Mais ce dont il n'était pas guéri, ce dont il se promettait à lui-même de ne jamais guécir, c'était de sa haine contre Sylvandire à laquelle il devait, d'après ce que lui avait dit Cretté, sa réclusion d'abord, puis les deux blessures qui en avaient été la suite. Il est vrai que Sylvandire, en se débarrassant de Roger par le moyen du Fort-Levêque et de la Bastille si fort pratiqué à cette époque, ne pouvait deviner qu'il aurait le mauvais goût de tenter deux fois de s'évader et que ces deux tentatives auraient pour lui un si mauvais résultat; mais il n'en était pas moins vrai que la cause de tout cela c'était Sylvandire.

Aussi le chevalier se promettait-il, une fois libre, d'exercer une cruelle vengeance. Cette vengeance quelle serait-elle? Roger n'en savait rien encore ; mais seulement il savait qu'un jour ou l'autre il se vengerait.

Un soir qu'il s'était bercé toute la journée de ces douces idées, il entendit des pas dans son corridor. Comme c'était à une heure inaccoutumée et qu'il commençait, depuis quatre ou cinq mois qu'il habitait une prison, à connaître les habitudes de ces sortes d'établissements, il ne fit aucun doute qu'il allait se passer quelque chose de nouveau à son égard. En effet, deux soldats entrèrent et se rangèrent de chaque côté de sa porte; le gouverneur les suivit, et, après avoir salué Roger, l'invita à prendre les objets qui lui appartenaient dans la chambre et à le suivre. L'inventaire ne fut pas long, un des guichetiers se chargea du petit paquet, et Roger obéit au gouverneur.

Ils traversèrent le corridor qui donnait dans la cour intérieure, puis la cour, puis la voûte, le tout au milieu d'une double rangée de gardes ; puis de l'autre côté, ils trouvèrent une voiture : il s'agissait d'un nouveau transfert.

Roger qui commençait à douter de la mémoire de S. M. Louis XIV, ne s'illusionna point cette fois, d'ailleurs il y avait un mousquetaire à cheval à chaque portière du carrosse et un exempt assis au fond : le prisonnier salua donc le gouverneur en le remerciant des soins qu'il avait fait prendre de sa blessure et monta près de l'exempt. Aussitôt la portière fut refermée à la clé, et la voiture partit au galop.

La voiture traversa une partie de Paris,

sans que Roger pût voir où elle l'entraînait; il faisait une de ces nuits comme on en choisit ordinairement pour le transfert des prisonniers. Seulement bientôt il sentit à un air plus libre et plus pur qu'on était sorti de la capitale, il se pencha vers la portière et aperçut des arbres et des champs, mais comme il paraissait trop occupé de ce spectacle :

— Mon gentilhomme, lui dit l'exempt, je vous préviens que le carrosse est fermé à clé, que deux mousquetaires galoppent aux deux côtés de la voiture, que j'ai un pistolet dans chaque poche et que mes ordres sont de tirer sur vous à la moindre tentative d'évasion que vous feriez. Je vous dis cela, voyez-vous, continua l'exempt, parce que je suis un vieux soldat et que je ne voudrais pas assassiner un gentilhomme sans lui dire pourquoi;

maintenant vous voilà prévenu : cela vous regarde.

Roger se rejeta au fond de la voiture en poussant un soupir. Il commençait à avoir un grand respect pour la force matérielle, qu'il ne comprenait autrefois que pour la combattre et pour la vaincre.

— Mais enfin, dit Roger, où me conduit-on encore ?

— Il m'est défendu de vous le dire, répondit l'exempt. Ah! vous m'êtes recommandé comme un gaillard qui profite de la moindre indiscrétion.

Roger poussa un profond gémissement.

— Allons donc, allons donc! lui dit l'exempt; soyez un peu raisonnable et ne vous désespérez point pour cela. J'ai mené des femmes qui faisaient meilleure contenance que vous.

— Alors, c'est dans une autre prison que vous me conduisez? demanda Roger.

— Oh pour cela, je vous répondrais que non, que vous ne me croiriez pas, ainsi je vous dirai franchement que oui.

— A Pignerol ou aux îles Sainte-Marguerite, murmura Roger. Ah! Fouquet, ah! Lauzun.

— Chut, dit l'exempt, chut, ne gâtez pas votre affaire en me parlant de tous ces grands messieurs-là, cheminons tranquillement, voyez-vous, sans nous occuper de politique. Tenez, je suis bon garçon moi, et c'est bien heureux que vous ne soyez pas tombé sur quelqu'autre de mes confrères, bourru et mal gracieux qui ne vous aurait pas dit un mot pendant toute la route; moi au contraire, j'aime les gens comme il faut, je ne déteste pas causer, et je trouve qu'il vaut mieux faire rire les pauvres prisonniers que de les faire pleurer, quitte après à leur montrer les dents et les griffes s'ils ne sont pas reconnaissants de ma conduite; mais je dois le dire, cela ne m'est jamais arrivé; voyons, soyez aussi bon enfant que les autres, et je vous promets que la route ne vous paraîtra pas longue.

— Ah! dit Roger en frissonnant; c'est cela nous allons à l'autre bout de la France. Ah! Matthioli... oh! le masque de fer!...

— Encore, encore! reprit l'exempt. Oh! par ma foi, mon gentilhomme, vous allez me rendre la route fort désagréable, tandis que je ne demandais pas mieux, moi, que d'égayer le chemin. Allons, de la force; faites-moi bon visage; je ne vous dis pas cela pour ce moment-ci, où l'on n'y voit pas, mais où je devine cependant que vous me faites la moue, et je causerai avec vous quoique cela me soit expressément défendu.

— Et de quoi causerez-vous ! demanda Roger.

— Ah! dam! de choses et d'autres; de la pluie et du beau temps, cela vaut mieux que de garder le silence comme deux brochets.

— Mais il n'y a qu'une seule chose que je désire savoir, il n'y a qu'un seul point sur lequel je désire être éclairé ?

— Quel est-il ? Voyons! parlez.

— Où allons-nous ?

— Il m'est défendu de vous le dire.

— Ah! vous voyez bien.

— Oui, mais il ne m'est pas défendu de vous dire où nous n'allons pas.

— Oh! alors répondez-moi.

— Avant tout, faisons nos petites conditions. Dites que vous ne chercherez pas à vous évader et que vous ne serez plus triste, Oh! moi, voyez-vous, la tristesse, c'est ma mort.

— Mais, de votre côté, dit Roger, vous me donnez votre parole de vieux soldat que vous remplirez fidèlement le message dont je vous chargerai.

— Moi?

— Oui vous.

— Vous m'offririez cent mille écus, mon gentilhomme, que je ne vous promettais rien. Mais réfléchissez-y donc, mon cher monsieur, vous me demandez des choses absurdes. Ah ça mais pourquoi le roi vous ferait-il garder à vue, si ce n'était pour vous empêcher de faire passer des messages? Soyez donc juste aussi!

Roger réfléchit qu'il ne gagnerait rien à la mauvaise humeur de son compagnon, et qu'il pourrait au contraire singulièrement y perdre. Toute fuite lui paraissait impossible. D'ailleurs, nous l'avons dit, il était momentanément guéri de cette monomanie, de sorte qu'après un moment de silence :

— Eh bien ! monsieur, dit-il à son compagnon de route, je vous engage ma parole de gentilhomme, que je ne ferai aucune tentative d'évasion, et que je serai le plus gai que je pourrai.

— A la bonne heure, voilà que nous devenons raisonnable, et nous allons faire un petit voyage charmant, Voyons, voyons, interrogez, et on vous répondra.

— Allons-nous aux îles Sainte-Marguerite?
— Non.
— Allons-nous à Pignerol ?
— Non.
— Allons-nous à la tour Saint-Jean ?
— Non.

— Allons-nous à Pierre-en-Scise?

— Vous brûlez.

— A la forteresse de Dijon?

— Vous brûlez, vous brûlez.

— Alors nous allons au château de Châlons.

Silence de la part de l'exempt.

— Nous allons au château de Châlons?...

Silence plus absolu et plus prolongé.

— Mais, répondez-moi donc ? s'écria Roger avec impatience.

— Ce ne sont pas là nos conventions, mon gentilhomme, dit l'exempt. J'ai promis de vous dire où vous n'alliez pas, mais je me suis interdit de vous dire où vous alliez. Supposez que je sois compromis par ma bonté envers vous, et qu'on me fasse faire serment que je ne vous ai pas dit que vous alliez au château de Châlons ; alors, je lève la main et fais serment avec toute conscience, car je ne vous l'ai pas dit.

Allons donc ! c'est au château de Châlons que nous allons, murmura Roger en poussant un soupir et en se laissant retomber muet et pensif dans l'angle de la voiture.

— Allons, allons, dit l'exempt, voilà notre tristesse qui nous reprend ; nous allons faire un voyage bien divertissant, à ce qu'il paraît, et deux jours comme cela ! Ah ! d'abord, je vous préviens que je ne le souffrirai pas.

— Comment ! dit Roger, vous me forcerez d'être gai ?

— J'ai votre parole, monsieur, et, en homme d'honneur, vous aurez pitié d'un pauvre exempt, et vous la tiendrez ; mais songez donc que je n'étais pas né pour être exempt, moi ;

j'étais né pour chanter le vaudeville chez Turlupin. Ah ! ah ! à propos de vaudeville ! bon je suis content de penser à cela, cela va peut-être vous égayer. Ah ! vous en faites de drôles, de vaudevilles, mon gentilhomme !

— Que voulez-vous dire ? demanda Roger.

— Bon, n'allez-vous pas le nier ! On les a trouvés chez vous, et de votre écriture.

— Je ne sais pas ce que vous voulez dire.

— Je conçois, je conçois. Ce n'est pas un aveu que je vous demande ; mais vous avez l'esprit satirique, mon gentilhomme.

Et l'exempt se mit à chantonner sur un air fort connu à cette époque :

> On dit que c'est la Maintenon
> Qui renverse le trône,
> Et que cette vieille guenon
> Nous réduit à l'aumône.

> Louis-le-Grand soutient que non.
> La faridondaine, la faridondon,
> Et que tout se règle par lui
> Biribi,
> A la façon de Barbari, mon ami.
> Mon ami.

— Je n'ai jamais fait ce pamphlet, s'écria Roger, j'ai eu le malheur de le copier, voilà tout.

— Et celui-ci, dit l'exempt, et il reprit sur un autre air :

> Tout ce que fait la Maintenon,
> Ne saurait jamais être bon.
> Cette vieille sempiternelle,
> A donné la guerre au Voisin.
> Et je crois que Polichinelle
> Aura les finances demain.

— Mais je vous dis que ce n'est pas encore moi, reprit Roger, qui ai fait ce noël-ci.

— Bon, et celui-là. L'exempt reprit sur un troisième air :

> Ah! ah! ah! Maintenon,
> Margoton,
> Dit le bon roi,
> Laisse-moi,
> Car c'est toi
> Qui me fera rire
> Dans la poêle à frire.

— Mais, s'écria Roger, comment se fait-il que vous chantiez ces couplets-là sans être arrêté?

— Je les chante à vous, mon gentilhomme, et voilà tout. Peste! je ne vais pas m'aviser de les chanter en société, ni de les copier de ma main. Ce n'est pas que je ne les trouve fort drôles, et la preuve, c'est que vous voyez que je n'en ai pas perdu un mot, heim?... Est-ce que ce n'est pas cela!... Si je me suis trompé, voyons! vous qui êtes l'auteur, dites-le moi...

— Sur mon honneur, dit Roger, je vous proteste...

— Chut!... Taisons-nous! Je veux bien faire semblant de vous croire. Eh bien, non, ce n'est pas vous... Voyons, n'en parlons plus.

— Oh! malheureux que je suis! s'écria Roger; oh! imprudent que j'ai été de chanter de pareilles choses!

— Au contraire, il faut les chanter, il n'y a pas de mal; mais il faut les chanter en petit comité, en tête à tête, comme nous sommes là... mais il ne faut pas en garder copie chez soi, et surtout des copies de son écriture, ou alors, ma foi! on s'expose à ce que si votre femme a besoin de se débarrasser de vous... Ah! dam! c'est si facile à tenter, la femme...

— Comment! dit Roger, vous savez aussi mon aventure?

— Quelle aventure?

— Mais, enfin, ce que vous venez de me raconter là.

— Moi! je ne sais, dit l'exempt; j'ai dit cela comme j'aurais dit autre chose... Puis il se mit à fredonner :

> On dit que c'est la Maintenon
> Qui renverse le trône.

Quant à Roger, tout abasourdi de la singulière situation où il se trouvait, et commençant à craindre que sa tête ne se perdît dans le conflit d'idées qui l'assiégeaient, il ferma les yeux et appuyant son front contre les parois de la voiture, il essaya de rappeler un peu de lucidité dans son esprit, tandis que l'exempt passant d'une chanson à une autre continuait de fredonner les couplets séditieux pour lesquels il paraissait avoir une admiration particulière. Cependant comme il y avait trois nuits que Roger ne dormait pas, il finit par céder au sommeil et ne se réveilla que le lendemain au jour; il trouva près de lui l'exempt toujours frais, dispos et souriant, lequel s'informa avec le plus vif intérêt de la façon dont il avait passé la nuit. Quant à lui, il assura que confiant dans la parole de son prisonnier, il avait goûté tous les charmes du sommeil.

Au moment de descendre pour déjeuner, il demanda à Roger s'il avait de l'argent. Roger était sans un sou. On lui avait enlevé tout ce qu'il possédait, jusqu'à ses bijoux, de peur qu'il ne s'en servît pour corrompre ses gardes; le prisonnier fit donc humblement l'aveu de sa misère.

Alors, il parut se livrer dans l'esprit de l'exempt un certain combat entre le bon et le mauvais principe; mais le bon principe l'emporta.

— Ecoutez, je pourrais garder quinze sous

sur les deux livres que le roi vous accorde sur votre repas ; mais vous avez été bien aimable, vous m'avez bien tenu parole. Au lieu de vous rançonner, comme le feraient certains de mes confrères, je remettrai quelque chose, et avec votre permission, si ma compagnie ne vous désoblige pas trop, eh bien ! nous déjeunerons ensemble.

— Avec grand plaisir, répondit Roger, qui n'avait jamais eu sous ce rapport d'idées aristocratiques trop exagérées, et qui d'ailleurs ne se souciait pas de se brouiller avec son compagnon.

Et tous deux se mirent à table. Comme l'avait promis l'exempt, le repas était vraiment bon. Roger mangea comme un convalescent de vingt ans.

— Quel bel âge que le vôtre ! disait l'exempt en le regardant avec envie, quoique de son côté il se tirât d'affaire avec une certaine distinction; quel charmant appétit. Voilà pourtant comme j'étais à votre âge; plus gai seulement, chantant toujours, chantant à tue-tête, chantant à gorge déployée, depuis le matin jusqu'au soir, comme un pinson, comme un chardonneret, comme un rossignol, mais ayant toujours soin de chanter les chansons des autres, et jamais les miennes, à moins que je ne fusse avec un ami, comme vous, en tête à tête; car je faisais aussi des chansons, moi, qui ne valaient pas les vôtres, peut-être, mais qui n'en avaient pas moins leur mérite. Tenez, écoutez, en voici une.

Et l'exempt se mit à chanter sur l'air des cloches :

> Tonton, ton temps est passé,
> Vieille coquette,

Tonton, ton timbre est cassé,
Vieille pendule, tu répètes
A soixante ans
Le carillon de la clochette
Dans son printemps.
Mais à présent
Ton tocsin tintant
Ne réveille personne,
Quand sur le tendre ton
Ta grosse cloche sonne,
Non, non, non,
Si l'on t'entend,
Ce n'est qu'au son
De ton argent comptant.

— Heim ! que dites-vous de cela, mon cavalier ? dit l'exempt quand il eut fini et qu'il eut, pendant un moment de silence, donné le temps à Roger d'apprécier sa poésie.

— Mais ce que j'en dis, répondit Roger, je dis que vous êtes bien imprudent de chanter de pareilles choses.

— Pourquoi cela ?

— Si je vous dénonçais.

— Bah! est-ce qu'on vous croirait? Je dirais que vous voulez vous venger de ma sévérité, et tout cela vous retomberait sur le dos.

On arriva pendant la nuit au château de Châlons-sur-Saône.

Roger fut incontinent conduit à la chambre qui lui était destinée; mais comme il était très fatigué par la route et très affaibli par sa dernière blessure, qui n'était pas encore guérie, il se jeta sur son lit, sans même regarder ce que c'était que sa chambre.

Il remarqua seulement qu'elle était éclairée par une lampe pendue au plafond, et cette attention lui fit plaisir.

IV.

Comme le chevalier d'Anguilhem devient aussi prudent, aussi dissimulé que l'avait été feu le comte d'Olibarus.

Quant Roger s'éveilla pour la première fois, il vit sa lampe qui brûlait toujours. Pensant alors que le jour n'était pas encore venu, il se retourna du côté du mur et se rendormit.

Mais la seconde fois qu'il se réveilla, il s'étonna de la lenteur avec laquelle se levait le soleil, et regarda autour de lui. Alors la terrible vérité lui apparut tout entière : il était dans un cachot sans fenêtres. Cette lampe, dont il avait accueilli la lumière comme un bienfait, c'était désormais son seul soleil. Un tour destiné à lui faire passer ses repas contenait son déjeuner ; preuve certaine que la journée était déjà avancée.

Oh! alors, si fort que fût Roger, son malheur retomba sur son âme et lui brisa la poitrine ; il s'assit sur son lit, les bras pendants, se demandant ce qu'il avait fait à Dieu et aux hommes, pour être ainsi abandonné de l'un et si maltraité par les autres.

Il passa ainsi dans le plus profond abattement un temps dont il ne put mesurer la durée. Seulement son tour s'agita, fit un mouvement de rotation sur lui-même et reparut chargé de son dîner, lequel venait de remplacer le déjeuner qui se retournait aussi intact qu'il était venu.

Cependant au milieu de cette profonde douleur qui écrasait Roger, la nature, toujours exigeante, réclamait ses droits. Roger avait faim ! Roger avait soif ! Il s'approcha machinalement du tour, mangea et but comme eût fait un animal altéré et affamé ; puis il se mit à tourner tout autour de sa chambre d'un mouvement lent et régulier, comme fait une bête féroce dans sa cage.

Les heures passaient sans que ni lumière ni obscurité indiquât leur marche; les jours s'écoulaient sans qu'il entendît une seule rumeur. La seule distraction de Roger était le bruit que faisait son tour quand on lui servait ses repas, ou le mouvement que faisait sa lampe, lorsqu'elle remontait à travers le plafond pour aller se remplir d'huile et chercher une mêche nouvelle.

Mais la main qui faisait crier le tour et mouvoir la lampe restait invisible. Deux ou trois fois Roger s'adressa à ce moteur inconnu, lui demandant quel jour, quelle heure il était, et cela non pas pour savoir quel était le jour et l'heure, mais pour entendre au moins le son d'une voix humaine; mais jamais ses questions n'obtinrent la moindre réponse, et le prisonnier cessa même bientôt de renouveler des tentatives dont il avait reconnu l'inutilité.

D'abord le désespoir s'empara de lui; puis l'épuisement succéda au désespoir; il dormait quelquefois douze heures de suite. Il se roulait comme une brute, ou bien il restait immobile comme un idiot.

Un instant il eut l'espoir qu'il allait devenir fou; et il poussait à cette pensée des éclats de rire sauvages.

Mais il n'eut pas ce bonheur. Comme une pierre jetée dans un étang trouble momentanément l'eau en faisant monter la vase à sa surface, au coup qui était venu frapper son cœur, la colère et le désespoir étaient montés au cerveau de Roger ; mais comme peu à peu l'eau s'épure et s'éclaircit, de même l'esprit du prisonnier se calma, et au bout d'un mois de cette captivité un regard tombé sur lui aurait cru le voir tranquille et presque rasséréné.

C'est que le fiel qui avait d'abord troublé sa raison se précipitait petit à petit et s'aigrissait au fond de son cœur.

Alors l'apparence de la quiétude lui revint. Il eut l'air de vivre de la vie de tout le monde; sa pensée s'activa du repos de son corps, ses idées s'organisèrent. A force de creuser sa situation, il entrevit mille formes confuses dont jamais en liberté, à l'air, en société, son esprit, distrait par les objets extérieurs, ne lui eût permis de soupçonner même l'existence.

Il reprit jour par jour, heure par heure, et presque minute par minute, sa vie, depuis le moment où il était devenu le mari de Sylvandire, jusqu'au jour où il avait été arrêté au Bourg-la-Reine. Il interrogea cet amour d'un instant que Sylvandire avait paru ressentir pour lui, et qui n'était que le sentiment physique qu'éprouve une femme pour celui qui le premier lui fait éprouver des sensations inconnues. Il vit cet amour factice disparaître peu à peu et faire place à l'indifférence; puis il sentit naître les premiers symptômes de la haine que Sylvandire lui avait vouée depuis; les premiers symptômes avaient suivi immédiatement l'apparition de M. de Royancourt à l'hôtel d'Anguilhem. Cette haine s'était bientôt fortifiée de celle que Sylvandire portait aux familiers de son mari. Dès lors une lutte s'était établie entre ces deux natures si différentes l'une de l'autre. Chacun avait appelé à son aide ses auxiliaires naturels. Roger avait appelé Cretté, d'Herbigny, Clos-Renaud et les essaims de gentilshommes au cœur franc qui avaient alors conseillé à leur ami une guerre ouverte et loyale, puis une retraite sage. Sylvandire avait appelé le marquis de Royancourt, M. Boutaud, sans doute, et le jésuite Letellier. Peut-être eux avaient eu recours aux manœuvres tortueuses, aux ruses souterraines, aux machinations nocturnes, et ils avaient réussi. Maintenant, Roger était pieds et poings liés entre leurs mains, sous le poids d'une accusation qui n'avait aucun rapport avec la cause réelle de son arrestation. Cette arrestation devait durer tant que durerait la passion, l'amour ou le caprice de M. de Royancourt pour Sylvandire, plus longtemps peut-être ; car à la crainte des récriminations du mari offensé, succédait la crainte de la vengeance du prisonnier meurtri ; sa détention pouvait donc se prolonger indéfiniment, soit que l'amour que Sylvandire inspirait au marquis résistât au temps, soit que la crainte que Roger inspirait à M. de Royancourt fût plus forte que le remords.

Alors Roger examinait sa conduite à lui avec la même minutie qu'il venait d'examiner celle des autres, et il trouvait mille moyens, le cas se représentant, d'éviter tous les malheurs qui lui étaient arrivés.

— Oui, se disait alors Roger, oui, je n'ai été qu'un sot. J'aurais dû faire comme tant de maris que je connais, qui sont heureux et considérés et qui battent, à cette heure, en pleine liberté, le pavé de Paris. Il me fallait fermer les yeux, prendre mademoiselle Poussette, comme le conseillait spirituellement Cretté. Décidément, tous ces gens-là étaient des gens d'esprit, moi seul, je suis un imbécile.

Au lieu d'être un pauvre prisonnier comme je le suis, je serais colonel de quelque régiment. J'aurais fait maigre trois jours de la semaine, c'est vrai; mais les quatre autres jours j'aurais, dans quelque petite maison du faubourg Saint-Antoine, bien élégante, bien commode, bien isolée, fait gras avec ma maîtresse et mes amis. Le roi me ferait son sourire le plus doux; je baiserais une fois par semaine la main sèche de madame de Maintenon; je ferais ma cour au père Letellier. Je serais duc à brevet, pair de France peut-être.

Ah ! véritablement, je suis un sot.

Eh bien ! non ! non ! cent fois non ! j'ai fait ce que j'ai dû faire, j'ai fait ce que je ferais encore ; car il n'y a qu'un honneur en ce monde et qu'une manière de l'envisager. D'ailleurs, j'aimais cette femme, pas de cœur, mon cœur a toujours été pour la pauvre Constance ; mais je l'aimais d'orgueil ; je l'aimais parce qu'elle était belle, peut-être aussi parce que j'avais fait beaucoup pour elle, peut-être parce qu'elle me devait tout ; mais de quelque manière que ce fût enfin, je l'aimais ; je ne devais pas, je ne pouvais pas souffrir qu'on me l'enlevât. J'ai donc fait ce que j'ai dû, et ce n'est pas moi qui suis un sot, ce sont eux qui sont des infâmes.

Mais aussi, que je sois libre un jour, et je me vengerai... Mais, quand serai-je libre ?... Là était la question.

Au Fort-l'Évêque, Roger s'était dit que, si on lui rendait la liberté, il pardonnerait tout. A la Bastille, il avait fait des restrictions mentales. A Châlons, il se dit qu'il avait vingt-deux ans, et le roi soixante-quinze; qu'en donnant dix ans à vivre au roi, c'est-à-dire jusqu'à quatre-vingt-cinq ans, c'était tout ce qu'une tête couronnée, si exigeante qu'elle soit, pouvait demander. Or, le roi mort, on ouvrirait les prisons; Roger, en allant au pire, sortirait donc de sa prison à trente-deux ans.

Or, Roger se demanda ce qu'il aimerait mieux, sortir de sa prison à l'instant même et ne pas se venger, ou sortir de prison dans dix ans, et prendre sa revanche tout à son aise.

Roger se répondit qu'il aimerait mieux ortir de prison dans dix ans et se venger, mais se venger comme les habiles se vengent.

Aussi au bout de trois mois d'isolement et de réclusion, Roger fut-il un penseur profond, un politique consommé, un Machiavel de première puissance.

Parfois quelqu'un qui l'eût regardé l'eût vu assis sur son escabeau, les jambes croisées l'une sur l'autre, le coude sur le genou, le menton dans la main, le regard fixe et le sourire sur les lèvres, ce quelqu'un eût cru alors que Roger pensait à son père, à sa mère, à mademoiselle de Beuzerie, aux beaux jours de sa jeunesse, ou à quelque doux souvenir.

Non, Roger pensait à la vengeance.

Onze mois s'écoulèrent ainsi, sans que jamais le cœur du prisonnier désespérât, sans que jamais son courage faiblît. Peut-être son visage, hâlé par le soleil, pâlit-il un peu pendant cette longue nuit, peut-être ses formes herculéennes s'amincirent-elles par le jeûne; mais cette pâleur lui donna cette distinction qui lui manquait; mais cette maigreur lui donna l'élégance qu'on cherchait vainement en lui. Roger resta beau et fort, seulement Roger devint hypocrite.

Tous les soirs, il priait haut pour les jours du roi et de madame de Maintenon; car enfin peut-être regardait-on ce qu'il faisait, peut-être écoutait-on ce qu'il disait : il est vrai qu'en même-temps et du fond du cœur il les donnait à tous les diables; mais cela était intérieurement, et personne que lui et Dieu n'en savait rien.

Un matin, pendant qu'il mordait à belles dents dans un morceau de pain qui lui servait de déjeuner, la porte de son cachot s'ouvrit; une voix qu'il connaissait frappa ses oreilles.

Ses yeux accoutumés à l'obscurité, car souvent il restait des heures, des jours entiers sans qu'on songeât à lui allumer sa lampe éteinte, distinguèrent un gentilhomme superbement vêtu, qui fit deux ou trois pas en prononçant son nom.

C'était M. de Royancourt qui s'avançait les bras ouverts à la rencontre de Roger.

Roger saisit son escabeau et le leva dans l'intention de fendre la tête à M. de Royancourt; il avait en face de lui son ennemi. Il n'avait qu'à laisser retomber son arme massive; il l'anéantissait; Roger réfléchit, jeta l'escabeau sur le lit, et courut au marquis de Royancourt les bras ouverts.

Grâce à l'obscurité de laquelle il était enveloppé, on n'avait pas vu le geste de menace qui, dans un premier mouvement, lui était échappé.

Ces deux hommes, qui se haïssaient mortellement, se pressèrent sur le cœur l'un de l'autre, comme eussent fait deux amis, comme eussent fait deux frères.

— Vous êtes donc ici, mon cher d'Anguilhem, dit le marquis en l'attirant dehors. Oh! que nous avons cherché longtemps avant de vous retrouver.

Malgré sa présence d'esprit, Roger resta confondu de tant de hardiesse; mais il dissimula son étonnement sous un sourire qu'il s'était fait, accepta la main que lui tendait M. de Royancourt pour le conduire hors de prison, et marchant sur ses pas, tout en lui serrant la main avec effusion, il arriva dans des appartements qui étaient ceux du gouverneur.

Roger se trouva en face d'une glace et se reconnut à peine. Sa barbe était longue, ses cheveux hérissés, et ses habits tombaient en lambeaux.

Il se sourit du même sourire dont il avait souri à M. de Royancourt.

— Vous êtes libre, mon cher monsieur d'Anguilhem, lui dit le marquis; mais comment se fait-il, mon Dieu! que vous n'ayez pas donné de vos nouvelles depuis tantôt quinze mois? Mais nous causerons de tout cela plus tard. Allons maintenant au plus pressé.

— Le plus pressé, mon cher libérateur, mon ami, mon frère, dit Roger, serait, je crois, d'obtenir de M. le gouverneur si véritablement je suis libre, ce que je ne puis croire encore...

— Vous êtes libre, mon cher chevalier, et grâce à nos instances, reprit le marquis.

— Croyez que je vous en suis bien reconnaissant. Le plus pressé serait donc, disais-je, d'obtenir de M. le gouverneur qu'il voulût bien me prêter une chambre, faire venir un bain, et mander un tailleur et un perruquier.

— Sans doute, mon cher chevalier, et vous allez avoir tout cela, à l'exception du tailleur qui est inutile. J'ai prévu le dénûment où vous seriez, et j'ai apporté dans ma chaise des habits que j'ai fait prendre à votre hôtel ; on va vous les monter ; et, en même temps, si vous le voulez permettre, mon valet de chambre vous accommodera.

— Vous me comblez, mon cher marquis, mais, j'accepte : il m'est doux de tout vous devoir.

On conduisit Roger dans une chambre, on lui apporta un bain, et tandis qu'il était au bain, le valet de M. de Royancourt le rasa et le coiffa.

Puis en sortant du bain Roger fit sa toilette.

Ce fut alors seulement que lui-même s'aperçut du changement qui s'était fait en lui. La seule chose qui manquât à Roger, c'était cette finesse de forme, marque distinctive de la race; cette finesse, la douleur, le jeûne, et peut-être la réflexion, la lui avaient donnée. Roger était à cette heure un cavalier accompli.

M. de Royancourt fut étonné lui-même en le voyant. Il y avait dans l'air de cet homme une puissance qu'il n'avait jamais vue et qui le fit frissonner; la résolution rayonnait dans sa prunelle. Pour la première fois M. de Royancourt songea à ce que devait craindre un homme qui aurait Roger pour ennemi.

Le gouverneur voulut retenir ces messieurs à déjeuner; mais Roger répondit en souriant que le gouverneur oubliait sans doute qu'il venait de lui faire servir le sien lorsque M. de Royancourt était entré dans sa prison. Le gouverneur balbutia quelques excuses, se rejetant sur la sévérité des règles de la maison qui ne permettait pas qu'il eût pour ses hôtes toutes les attentions qui parfois leur étaient dues. Roger répondit à cela avec son sourire éternel que, quant à lui, il aurait tort de se plaindre, qu'il avait été parfaitement bien traité.

La chaise attendait à la porte; les chevaux de poste y étaient attelés; M. de Royancourt et Roger montèrent dedans, et la chaise partit au galop.

C'était avec un profond ravissement que Roger, oppressé pendant onze mois par l'air méphytique d'un cachot, respirait l'air pur et embaumé du mois de mai. C'était avec une joie inexprimable que Roger, au lieu de l'horizon sombre et borné de ses quatre murailles, parcourait des yeux l'etendue avec ses larges plaines, et son lointain de montagnes bleuâtres ; mais toute cette joie, tout ce ravissement se passaient en lui ; il était impénétrable dans sa joie comme dans sa haine. et il revoyait cette nature tant aimée avec le même sourire qu'il avait revu cet homme tant haï.

Puis, de temps en temps, il répondait à ses questions d'un signe affectueux ou d'une voix amicale, et lui renouvelait les assurances de sa reconnaissance et de son dévouement.

Enfin la conversation contenue jusqu'alors du côté du marquis par un certain embarras dont il n'était pas le maître, du côté de Roger par une émotion qu'il n'avait pas la force d'étouffer entièrement, prit une certaine régularité.

Roger appela tout son courage, raffermit sa voix et demanda des nouvelles de Sylvandire.

— Hélas! pauvre femme! répondit M. de Royancourt; vous lui avez causé bien du chagrin, et vous avez bien des torts à réparer envers elle.

— Ah! ah! fit Roger; vraiment!

— Sans doute, dit M. de Royancourt. D'abord, lorsque vous l'avez menacée de la quitter, elle ne pouvait croire à votre départ et a pensé que c'était une plaisanterie; mais lorsqu'elle a vu s'écouler un jour, deux jours, trois jours, sans que vous revinssiez, il lui a bien fallu se rendre à l'évidence. Alors elle est devenue comme folle; pendant une semaine ça n'a été que soupirs et pleurs; enfin elle a été trouver M. d'Argenson pour savoir où vous étiez. M. d'Argenson savait seulement que vous n'étiez plus en France. Comme vous le pensez bien, à cette nouvelle son désespoir a redoublé, et un beau jour, en se présentant chez vous, son père a appris qu'elle était partie le matin même pour aller vous rejoindre partout où vous seriez. Pendant trois mois on ne put deviner ce qu'elle était devenue. Pauvre femme! et le roi, qui sait tout ce qui se passe dans son royaume, apprit cette aventure, dit que vous étiez un mauvais époux, un fâcheux exemple, et ordonna qu'on vous arrêtât.

— Bon et excellent roi! s'écria le chevalier du ton le plus pénétré.

— Ce fut alors que l'on fit chez vous cette

perquisition dans laquelle on trouva les malheureux vaudevilles qui ont causé tout le mal.

— Et que je me repens bien d'avoir conservés ; car pour en être l'auteur, vous ne pensez pas que je sois capable d'une pareille ingratitude, n'est-ce pas ?

—Oh ! je ne l'ai jamais pensé ; c'est ce qui m'a donné cette conviction avec laquelle j'ai plaidé votre cause.

— Mon libérateur ! s'écria d'Anguilhem en saisissant les deux mains de M. de Royancourt. Mais revenons à Sylvandire, je vous prie.

— Eh bien ! mon cher ami, Sylvandire arriva à Londres derrière vous : elle apprit que vous veniez de repartir pour la France, elle partit derrière vous. A Douvres, elle vous manqua d'un jour, à Calais, de deux heures.

— Chère Sylvandire, murmura le chevalier, du ton le plus conjugal.

— A Calais, elle apprit votre départ pour Paris, et sans perdre un instant, sans vouloir se reposer, quelque besoin qu'elle en eût, elle partit à son tour, espérant vous rejoindre sur la route, mais son espoir fut déçu. Ne vous ayant pas rejoint, elle espéra vous retrouver à l'hôtel, et elle veilla toute la nuit, sans vouloir se reposer, car elle croyait vous voir arriver à chaque instant, mais vous ne vîntes pas. Jugez de sa douleur!

— Ah! marquis! marquis! vous m'arrachez l'âme, s'écria Roger en s'essuyant les yeux avec son mouchoir; après, continuez; et j'ai pu soupçonner une pareille femme!

Ah! vous avez raison, marquis; je suis coupable! Après, après!

— Eh bien, après, reprit le marquis trompé par la vérité avec laquelle Roger jouait son rôle, après, que voulez-vous que je vous dise, les jours s'écoulèrent dans la douleur, dans les larmes, car vous ne paraissiez pas, et nous ignorions ce que vous étiez devenu.

— Vous ignoriez que j'étais en prison, eh bien! parole d'honneur, je m'en étais douté.

— Oh! mon Dieu, oui, nous l'ignorions. M. d'Argenson craignant d'être sollicité par madame d'Anguilhem, forcé par moi à qui il savait quelque crédit, M. d'Argenson ne nous apprit votre emprisonnement qu'il y a quinze jours à peu près. Alors, vous comprenez bien, Sylvandire s'est mise en campagne de son côté, M. Bouteau et moi nous nous y sommes mis du nôtre, et nous avons tant prié, tant supplié madame de Maintenon, tant entouré le roi, qu'enfin nous avons obtenu votre liberté. Oh! mon cher d'Anguilhem, ajouta le marquis d'un son de voix pénétré, ah! nous avons bien souffert, allez!

— Et moi, pendant ce temps-là je vous soupçonnais de négligence, je vous accusais de tiédeur. Oh malheureux! oh ingrat que je suis! vous m'avez pardonné, vous, mais croyez-vous qu'elle me pardonnera jamais, marquis?

— L'âme d'une femme est un trésor d'indulgence, répondit M. de Royancourt; espérez donc, mon cher chevalier.

Et maintenant que vous m'avez quelque peu rassuré sur ce point, un mot de mes parents, mon cher marquis. Vous le voyez, l'amour conjugal m'a fait oublier l'amour filial. Le baron et la baronne sont en bonne sante, j'espère?

— Oui, Dieu merci, et tous deux sont prévenus par les soins de votre femme que vous allez revenir d'un long voyage, car ainsi que nous ils ignoraient votre captivité.

— Bonne Sylvandire!..... Et nos autres connaissances? d'Herbigny, Clos-Renaud, Cretté...

Roger laissa échapper le dernier nom plutôt qu'il ne le prononça.

Le marquis se laissa prendre à cette négligence.

— Mais, comme vous le savez, reprit-il, je vois peu vos amis qui passent à la cour pour des libertins, hantant le Palais-Royal. Je crois, cependant, qu'ils se portent bien, M. de Cretté surtout, avec lequel j'ai regretté d'avoir eu quelques démêlés ; mais grâce au ciel, tout s'est aplani entre nous.

— Oh! vraiment! vous avez eu quelque chose ensemble à cause de madame de Maintenon? Sans doute Cretté a le tort de ne pas aimer cette digne et sainte personne ; mais, comme vous l'avez, dit c'est un libertin, que je crois de la société des Broglie, des Lafare, des Canilhac.

— Tous malheureux qui perdent leurs âmes, dit M. de Royancourt en joignant les mains d'un air de compassion.

— En supposant toutefois qu'ils en aient une, dit Roger.

M. de Royancourt fit un signe de doute et pour le moment la conversation en resta là.

Roger était enchanté de lui : il venait de mettre en action les préceptes que lui avaient dictés ses quinze mois de prison. Il avait vu que M. de Royancourt avait été sa dupe, et il espérait tromper sa femme comme il avait trompé le marquis.

Le reste du chemin, à peu de variations près, fut abrégé par des conversations du même genre. Les voyageurs coururent jour et nuit, ne s'arrêtant qu'un instant à Auxerre et une minute à Fontainebleau.

Enfin on arriva à Paris.

Roger vit de loin le Fort-l'Evêque et passa au pied des murs de la Bastille.

Dix minutes après, on était à la porte de l'hôtel d'Anguilhem.

Roger était évidemment attendu : toute la maison avait été prévenue et préparée. Le chevalier, en entrant dans la cour de l'hôtel aperçut des laquais à toutes les portes et sa femme à la fenêtre.

Il sauta à bas du carrosse et courut vers le salon ; Sylvandire vint à sa rencontre, suivie de M. Bouteau, si bien qu'il la rencontra à la porte.

En ce moment, et derrière la figure hypo-critement composée de sa femme, Roger aperçut le portrait de son père et de sa mère qui lui souriaient dans leur cadre. Alors, si fort desséché que fut son cœur par une captivité de quinze mois, des larmes jaillirent de ses yeux à la vue de ces seuls amis sur lesquels l'homme puisse compter.

L'émotion fut si forte que Roger s'évanouit.

Sylvandire put croire et crut sans aucun doute que c'était par amour pour elle et de plaisir de la revoir, que les forces manquaient au chevalier.

V.

Comment le chevalier d'Anguilhem mit le feu à son hôtel pour s'assurer s'il était où s'il n'était pas ce qu'il avait peur d'être.

Trois jours après la scène que nous venons de raconter, c'était un spectacle patriarcal à voir que celui qu'offrait l'hôtel d'Anguilhem, grâce à la cordialité charmante de maître Bouteau, aux caresses échevelées de Sylvandire, aux amitiés empressées de M. de Royancourt et à la dissimulation de Roger.

Tous ces gens là avaient l'air de s'aimer les uns les autres d'une façon évangélique.

Or comme dans ce monde tout n'est que surface, chacun s'y laissa tromper, même ceux qui avaient intérêt à plonger au plus profond des sentiments d'autrui.

Il n'y eut pas jusqu'à Roger qui, en se sentant de quelque côté qu'il étendît la main ou portât le regard enveloppé d'une si tendre affection, ne se retrouvât, parfois, un doute au fond du cœur.

Malheureusement Cretté était absent de Paris pour huit jours encore : Roger s'était présenté secrètement chez lui, et il était convenu avec le petit Basque qu'aussitôt le retour de son maître, Roger serait prévenu.

Pendant ce temps, Sylvandire se confondait en profondes tendresses pour son mari; elle lui demandait comment il passait son temps en prison, et s'il pensait quelquefois à elle.

Roger répondait que la prison était un séjour fort agréable, les geôliers des serviteurs pleins de politesse, que tous les jours il dînait à la table du gouverneur, que tous les après-midi il sortait avec lui en voiture, et que tous les soirs ils faisaient ensemble leur partie d'hombre ou d'échecs, après quoi on le réintégrait, avec tous les égards possibles, dans une jolie chambre qui n'avait d'autre désagrément qu'une porte avec deux verroux et qu'une fenêtre avec quatre barreaux. Roger avait peur qu'en disant à Sylvandire ce qui en était réellement, Sylvandire ne comprît qu'un homme qui avait tant souffert avait un immense besoin de se venger.

Quant à ce qui était de savoir s'il ava

pensé à elle, Roger jurait tendrement à Sylvandire qu'il n'avait fait que cela depuis le matin jusqu'au soir, et depuis le soir jusqu'au matin. Sous ce rapport, on sait que Roger disait l'exacte vérité.

Puis Sylvandire jurait à son tour à Roger qu'elle le trouvait fort embelli, et que la prison lui allait à merveille.

Un matin le petit Basque vint prévenir Roger que le marquis de Cretté était de retour depuis une demi-heure.

Roger sortit à pied, prit un carrosse au coin de la rue et se fit conduire à l'hôtel Cretté. Le marquis l'attendait ; les deux amis se jetèrent dans les bras l'un de l'autre.

Cretté avait appris une partie de ce qui était arrivé à Roger et particulièrement les détails de ses deux évasions et les blessures qui en avaient été la suite ; mais ce qu'ignorait le marquis, c'était cette réclusion solitaire, c'était ce cachot sans soleil, c'étaient ces tortures du temps qui passe et qu'on ne peut calculer ; c'était enfin la résolution bien profonde prise par Roger de se venger de sa femme si sa femme, comme il pensait, était pour quelque chose dans sa détention.

Cretté ne put que lui répéter ce qu'il lui avait écrit, c'est à dire la disparition de Sylvandire, sa querelle à lui avec M. de Royancourt, et la conviction morale, sinon matérielle où il était que c'était sa femme qui avait livré les maheureux noëls qui avaient été, sinon la cause, du moins le prétexte de sa détention.

Quant à l'élargissement de Roger, il était dû, comme s'en était douté le prisonnier, à l'insistance des démarches de Cretté, de d'Herbigny et surtout de Chastellux, qui était quelque peu parent par les femmes de M. d'Argenson, parenté qu'il avait à peu près niée jusque-là, et qu'il avait pris sur lui de réclamer du moment où elle pouvait être utile à Roger. Seulement, lorsque M. de Royancourt vit les affaires tellement avancées qu'il n'y avait plus moyen de prolonger la captivité de Roger, il devint défenseur de persécuteur qu'il était, et comme son crédit était réel, il activa la mise en liberté du captif.

On sait le reste.

Tout ce que racontait là Cretté à son ami, s'accordait si parfaitement avec ce qu'il s'était vingt fois répété à lui-même, qu'ils ne doutèrent pas un instant qu'ils ne fussent arrivés à la plus exacte appréciation des causes, et à la plus grande vérité des résultats.

Les deux amis se quittèrent en se renouvelant l'assurance de leur éternelle amitié, assez éprouvée au reste pour qu'ils pussent compter l'un sur l'autre, mais en reconnaissant qu'ils ne devaient se voir que dans les occasions importantes.

Seulement tout convaincu moralement que l'était Roger, il voulut, pour l'acquit entier de sa conscience, arriver à la possession de quelques preuves matérielles, qui ne laissassent aucun recours à cette voix du doute qui, parfois encore, criait au fond de son cœur,.
— peut-être !

Il avait appris dans son cachot à réfléchir et à se taire. Il avait jusque là parfaitement mis en pratique cette étude forcée, personne ne se doutait de ce qui se passait au fond de son âme, il commença donc à agir.

Il fit venir Breton.

Breton était un domestique fidèle et sur lequel il pouvait compter.

Breton, interrogé sur le compte de M. de Royancourt, répondit qu'en l'absence du chevalier, le marquis était venu tous les jours à l'hôtel, et que ses visites n'avaient cessé que du jour où madame d'Anguilhem avait disparu.

Maintenant, il devenait clair pour Roger que si sa chère épouse eût caressé le louable projet de se mettre à sa recherche, elle n'eût pas manqué d'en instruire tous les siens; or, M. de Royancourt avait avoué lui-même à Roger qu'en partant Sylvandire n'avait rien dit à personne.

Madame d'Anguilhem avait, un mois avant sa fuite, renvoyé la fille de chambre qui la servait depuis dix ans; cela parut fort louche à Roger, attendu que mademoiselle Clarisse était une personne d'une fidélité et d'une rouerie trop remarquables, pour qu'on s'en défît ainsi sans motif et au moment d'exécuter seule un voyage fatigant.

Roger espéra tirer quelque chose de Sylvandire même; mais lorsque, hypocrite jusque dans l'amour, il essaya à son tour de savoir de sa femme comment elle avait employé le temps de son absence, ce furent des minauderies sans fin, des refus coquets de parler, ce fut une impossibilité matérielle de prouver un séjour quelconque, dans un endroit quel qu'il fût. Sylvandire avoua seulement qu'elle avait passé deux mois dans le couvent des Filles-Dieu, qui était, il est vrai, un couvent fort renommé pour la sévérité de sa règle, mais où M. de Royancourt, ami de madame de Maintenon, entrait et sortait à sa volonté, sa sœur étant supérieure et sa cousine trésorière du susdit couvent.

Aller prendre des informations aux Filles-Dieu, c'était dénoncer soi-même sa défiance; aussi Roger jura-t-il qu'il croyait tout ce qu'on lui disait, et affirma-t-il à Sylvandire que de son côté le couvent l'avait fort embellie. Du reste, il continua de faire un ménage adorable, salua plus fréquemment que jamais M. Bouteau du doux nom de beau-père et accabla M. de Royancourt des plus affectueuses politesses.

Les amis qui ne savaient pas comme Cretté que toute cette tendresse couvrait quelque chose d'inconnu, de mystérieux, de terrible peut-être, ricanaient bien un peu lorsque la conversation tombait sur cette recrudescence d'amour entre les deux jeunes époux, et, comme on le comprend bien, on ne manquait pas dans certains cercles de s'égayer sur madame d'Anguilhem, cette vertueuse Pénélope qui, au lieu d'attendre son Ulysse, l'avait été chercher on ne savait où, mais bien certainement où il n'était pas.

Roger, en attendant, avait donné carte blanche à Breton et l'avait chargé de séduire quelqu'un des gens de M. de Royancourt. Un matin, Breton, en habillant son maître, lui annonça que le cocher du marquis, que celui-ci avait maltraité la veille, consentait à parler pour cent louis. Breton invitait le chevalier à profiter de ce moment de mécontentement.

Le chevalier suivit les conseils de Breton : il envoya cent louis au cocher, et le même jour, voilà ce qu'il apprit de la bouche même de ce drôle :

Toutes les nuits, à partir du jour qui coïncidait avec le départ de Sylvandire, M. de Royancourt se rendait, après souper, au petit hameau de Luzarches, quelquefois à cheval, quelquefois en carrosse ; il y passait quatre ou cinq heures ; et, régulièrement toutes les nuits, à deux heures du matin, il reprenait le chemin de Paris, où il était rendu à quatre. Il se mettait alors au lit, et feignait de n'être pas sorti de chez lui. Pour plus de précaution, sa voiture rentrait à minuit à l'hôtel, et tous ses gens, à l'exception du cocher, qui savait qu'il ramenait la voiture vide, et du valet de chambre, qui attendait l'arrivée de M. de Royancourt jusqu'à quatre heures du matin, croyaient que c'était le retour du maître.

Roger était sur la première trace. Il promit bien de suivre jusqu'à l'autre extrémité ce fil, dont il tenait un bout entre ses mains. Il partit, en conséquence, lui-même pour Luzarches.

Là il commença ses informations et apprit qu'une jeune dame s'était venu établir dans une maison qu'elle habitait seule. Une religieuse la servait. Un homme dont on ignorait le nom, mais qui paraissait fort distingué, là venait voir tous les soirs. On lui dépeignit Sylvandire à ne pas s'y méprendre, et on lui fit le portrait de M. de Royancourt si ressemblant, qu'il n'y avait pas à s'y tromper.

Un autre que Roger eût fait un éclat, eût

appelé M. de Royancourt en duel, ou l'eût fait assassiner par deux bravi dans un coin. Mais pour l'éclat, il y avait le Fort-l'Evêque, pour le duel, la Bastille, et pour l'assassinat, vengeance qui, au reste, ne se présenta pas même à l'esprit de Roger : il y avait la roue.

Tout cela n'était donc pas une vengeance, puisque cette vengeance emportait sa punition : ce qu'il fallait à Roger, c'était une vengeance qui le laissât libre, heureux et cependant vengé.

D'ailleurs, c'était sur Sylvandire surtout que se concentrait sa haine ; c'était Sylvandire qui l'avait trahi ; c'était Sylvandire qu'il avait aimée ; c'était Sylvandire qui l'avait rendu un instant heureux ; c'était Sylvandire qu'il haïssait si cruellement, qu'il avait peur de l'aimer encore.

Du moment où Roger s'était promis une

vengeance, il avait arrêté quelle vengeance ce serait. Il reprit donc son projet dans le coin de son esprit, où il l'avait déposé pour le mettre à exécution quand le jour serait venu. Son âme, depuis sa sortie de prison, n'était, il faut le dire, qu'une mer orageuse où naissaient et mouraient des vagues immenses, où les idées fermentaient comme des tempêtes, et où, de temps en temps, quelques bons sentiments passaient comme des éclairs, mais aussi s'éteignaient rapides comme eux.

Une fois sûr d'être malheureux, une fois certain d'avoir été dupe, il se sentit fort et se vit sauvé.

D'abord, il fallait que Roger acquît la certitude qu'il n'aimait plus cette femme maudite, afin de ne point être arrêté au moment de l'exécution de son projet par un de ces regrets du cœur qu'on prend pour un remords de la conscience. Nous l'avons dit, et nous le répétons, Roger haïssait tellement Sylvandire, qu'il n'était pas encore sûr de ne plus l'aimer.

Il analysa donc un à un ses sentiments vis-à-vis de Sylvandire.

C'était, lorsqu'il la voyait sans être prévenu, comme un coup aigu dans le cœur, c'était une douleur profonde, c'était une surprise glacée, quelque chose comme la froide sensation de la lame d'une lancette vous ouvrant la veine. Malgré sa puissance sur lui-même, alors Roger pâlissait, tout son sang refluait à son cœur, puis, un instant après, son cœur trop plein, repoussait aux extrémités ce sang avec tant de violence que c'étaient des éblouissements à croire qu'il allait se trouver mal. Cependant, au milieu de toutes ces sensations si différentes, si opposées, si convulsives, il fallait vivre de la vie ordinaire, il fallait causer avec indifférence, il fallait sourire gracieusement ; ce fut un supplice plus cruel peut-être que celui de la prison de Châlons-sur-Saône.

Parfois, au milieu de la nuit, brisé par un songe dans lequel il se croyait encore prisonnier dans un cachot infect et sur un mauvais grabat, Roger se réveillait, le cœur bondissant, la poitrine haletante, les cheveux hérissés, et il se trouvait dans une chambre voluptueusement éclairée par une lampe d'albâtre, mollement couché sur un lit aux tentures de soie, et ayant près de lui, dormant d'un sommeil tranquille, cette Sylvandire, cette syrène ardente, cette voluptueuse enchanteresse qui, sous une si merveilleuse enveloppe, cachait une si hideuse réalité. Alors il se soulevait sur son bras raidi, il la regardait d'un œil fixe, profond et fatal, et il songeait à ce conte de Galland qui venait de paraître et qui faisait fureur, à l'histoire de cet homme qui a épousé une goule et qui la voit revenir au lit conjugal après son monstrueux repas dans un cimetière.

Pendant ce temps Sylvandire faisait quelque doux songes, poussait quelque plainte amoureuse et dans quelque voluptueux sourire, montrait sous le corail de ses lèvres l'émail de ses blanches dents.

Alors il prenait à Roger des envies féroces d'étouffer cette femme dans une étreinte d'amour et de recueillir son dernier soupir sur sa bouche, afin que puisque sa vie avait été à un autre, sa mort du moins fût à lui; Mais il n'accomplissait que la première partie de ce projet, les forces lui manquaient pour la seconde.

Quant à Sylvandire, elle était si certaine de sa puissance sur Roger, que ses jours étaient heureux et ses nuits tranquilles. Aussi, j'amais n'arriva-t-elle à surprendre ce regard farouche qui l'enveloppait et la fascinait à son insu ; mais, il faut le dire, jamais par un mot, jamais par un geste, jamais Roger ne se trahit.

M. de Royancourt continuait à venir à l'hôtel, mais il était visible qu'il s'attiédissait.

— Cela doit être ainsi, se disait Roger en suivant les progrès de son refroidissement, comme il avait suivi ceux de son amour, cela doit être, la possession a amené l'indifférence.

Et il redoublait d'assiduité près de Sylvandire qui de son côté, se sentant coupable, rendait force tendresses aux tendresses de son mari. Si bien qu'à part cette rage de vengeance qui le possédait, Roger était véritablement fort heureux !

Sylvandire veillait avec grand soin sur elle, et cependant il arriva qu'un jour, fatiguée d'avoir attendu vainement M. de Royancourt pendant près d'une semaine entière, sans qu'il eût même daigné lui donner de ses nouvelles, elle écrivit un petit billet plein de reproches et sonna ses gens pour le faire porter par son demestique de confiance.

Mais les gens de madame d'Anguilhem étaient sortis, et ce fut Breton qui entra. Comme Sylvandire tenait la lettre à la main elle n'osa pas remettre son envoi à plus tard; d'ailleurs Breton s'annonçait comme parfaitement libre en ce moment et offrait à madame d'Anguilhem de se charger de sa commission. Refuser c'était donner, sans aucun doute, des soupçons à ce valet. Elle paya donc d'audace, remit la lettre à Breton, et dit avec indifférence :

— A faire porter tout de suite au marquis de Royancourt.

Breton remontait pour changer d'habit, lorsqu'il rencontra son maître dans l'escalier; il lui montra alors la lettre dont il était porteur, interrogeant son regard pour savoir s'il devait la remettre à son adresse.

Roger allait céder à la tentation et la prendre, lorsqu'il entendit derrière une porte le frémissement d'une robe de satin; il devina que Sylvandire l'épiait.

— Une lettre de madame pour M. de Royancourt, dit le valet.

— C'est bien; portez-la tout de suite à son adresse, répondit Roger, et dites de ma part au marquis que c'est mal à lui de nous négliger ainsi; qu'il y a huit jours que je ne l'ai vu; que je me plains très fort de cette indifférence, et que je ne lui pardonne qu'à la condition qu'il viendra aujourd'hui même dîner avec nous.

— Mais, monsieur..., dit Breton.

— C'est bien, c'est bien, allez, mon ami, allez, continua Roger; je n'ai aucun besoin de vous en ce moment.

Puis, descendant dix ou douze marches et entrant chez Sylvandire au grand ébahissement de Breton :

— Vous avez très bien fait, chère amie, dit-il, en tirant ses manchettes et en assemblant les plis de son jabot, vous avez très bien fait d'envoyer chercher ce cher Royancourt; je veux qu'il mange de ce chevreuil que mon père nous a envoyé d'Anguilhem.

Sylvandire, qui avait rougi, pâli, jauni, Sylvandire qui, enfin, avait en une seconde passé par toutes les couleurs de l'arc-en-ciel, rétablit sa raison et reprit son sourire.

— Quel brave mari j'ai là, pensa-t-elle, en embrassant Roger sur les deux joues.

— Quel maître faible j'ai le malheur d'avoir, se dit Breton ; croirait-on que c'est le même gentilhomme qui a donné un si rude coup d'épée à M. de Kollinski pour son coup d'essai, coup de raccroc !

A l'heure du dîner, on annonça M. de Royancourt, la double invitation qu'il avait reçue l'avait touché sans doute, car il fut ravissant d'amabilité ; quant à Sylvandire, elle était triomphante. Roger les observa tous deux sans affectation, fut spirituel sans être mordant, et verveux sans être affecté.

Au dessert, il surprit des regards très expressifs échangés entre sa femme et son convive.

Un moment après qu'on se fût levé de table et comme on passait au salon pour prendre le café, il vit que le marquis, tout en conduisant Sylvandire d'une chambre à l'autre, lui glissait un billet dans la main. Sylvandire le cacha dans sa poitrine.

— Femme éhontée, imprudent coquin, murmura Roger, si je les tuais là tous les deux ?

Mais il se retint et sa manchette seule en souffrit ; il la mit en pièces.

Il fallait avoir ce billet : c'était chose fort difficile, mais fort importante ; Roger y réfléchit donc toute la soirée, puis il crut avoir trouvé un moyen.

Le tout était de calculer à quel moment probable Sylvandire prendrait connaissance de ce billet.

— Ce sera, sans aucun doute, ce soir à sa toilette, se répondit-il.

Pendant toute la soirée il ne perdit pas un instant Sylvandire de vue, s'assura qu'elle n'avait pas eu un moment pour lire le billet en question, et lorsque M. de Royancourt fût sorti, il se cacha dans le salon attenant au cabinet de toilette de sa femme, puis il écouta jusqu'à ce qu'il l'eût entendue rentrer, et quand il eut calculé qu'elle devait être en train de lire, il mit le feu aux rideaux de l'une des fenêtres; aussitôt la flamme monta jusqu'au plafond et quelques vitres éclatèrent.

— Au feu, au feu, cria Roger, et il se précipita dans le boudoir.

Sylvandire tenait encore le billet de M. de Royancourt à la main, elle fit un mouvement pour le cacher, mais apercevant les tourbillons de flamme et de fumée qui remplissaient le salon, elle recula, jeta un cri et perdit connaissance.

Roger lui ouvrit les doigts, tandis que le salon brûlait, et lut avec rapidité ce qui suit :

« Ne parlons plus du passé, Sylvandire,

souvent je me suis repenti de ce que nous avions fait : quant à la proposition que vous m'adressez de fuir avec vous et de quitter la France ensemble, elle est insensée, et je la repousse ; d'ailleurs, je commence à avoir honte de tromper comme nous le faisons, un honnête homme qui m'accable d'amitiés. Si vous m'en croyez, Sylvandire, nous romprons donc toute relation. Vous me dites que vous mourez d'amour pour moi, vivez pour votre pauvre mari qui vous adore, ce sera plus chrétien. »

— Eh bien ! double brute, se dit Roger à lui-même. Eh bien ! douteras-tu encore ?

Et il remit le billet dans la main de Sylvandire, toujours froide et raidie, puis fermant la porte du boudoir, il sonna Breton.

La flamme avait brûlé tous les rideaux, entamé une console et noirci une partie des boiseries, mais ne trouvant plus d'aliment facile à dévorer, elle dardait ses langues affaiblies sur les cadres des fenêtres et se tordait autour des balustres de bois.

Tout l'hôtel fut sur pied en un instant, et en dix minutes il n'y eut plus ni feu ni fumée.

Sylvandire revint à elle toute seule, reconnut qu'elle était dans son boudoir, retrouva son billet froissé dans sa main, pensa que Roger n'avait rien vu, et vint toute joyeuse d'avoir échappé saine et sauve à ce double accident, se mêler aux travailleurs.

Dès qu'il l'aperçut, Roger courut à elle.

— Oh! mon Dieu! ma chère Sylvandire, quel malheur nous arrive! voici votre appartement tout gâté; il était si frais, si brillant; les réparations vont nous priver de recevoir pendant un mois, au moins.

— Eh bien! mon ami, dit Sylvandire du ton le plus tendre, allons à Champigny.

— A Champigny? reprit Roger.

— Oui; craignez-vous les souvenirs que cette campagne vous rappellera?

Roger ouvrit la bouche pour dire : — Et pourquoi pas à Luzarches? mais il se retint.

— Non, certainement, dit-il tout haut, et vous savez combien sont précieux à mon cœur les souvenirs que je pourrais retrouver dans cette maison que vous m'avez rendue bien chère; mais je pense que si vous étiez une femme aussi aventureuse que vous êtes une adorable femme, nous prendrions un millier de pistoles et nous nous en irions en tête à tête, comme deux tendres amants, visiter cette belle Provence dont vous chantez si merveilleusement les airs sur votre clavecin.

— Oh ! mon ami, dit Sylvandire en faisant une charmante petite moue, ne vous semble-t-il pas que ce sera bien long ce voyage ?

— Très bien ! très bien ! chère amie ; n'en parlons plus, et qu'il soit fait toujours selon vos désirs.

Mais Sylvandire était trop heureuse de n'avoir pas été surprise pour demeurer affermie dans son refus ; d'ailleurs elle pensa que s'éloigner, c'était probablement blesser dans son orgueil M. de Royancourt, qui venait de la blesser dans son amour, et comme elle voulait se venger de l'infidèle, elle en revint à la propositon de Roger.

— Non, mon ami, non, dit-elle, je ne vous priverai pas et ne me priverai pas moi-même de ce plaisir ; d'ailleurs je me suis promis de m'attacher toujours à vous plaire. Ordonnez donc, je suis à vos ordres.

Roger contint la joie qui débordait de sa

poitrine ; il fit tous ses préparatifs ; mais si fort qu'il se hâtât, pendant l'intervalle, M. de Royancourt et Sylvandire s'étaient racommodés.

De sorte que le marquis proposa un beau matin, au chevalier et à sa femme, de les accompagner en Provence.

Ce n'était pas l'affaire de Roger ; il n'en parut pas moins accepter avec transport la proposition de M. de Royancourt ; mais il prétexta quelques affaires, afin de faire traîner le départ en longueur.

Il espérait que, pendant ce temps, viendrait quelque nouvelle querelle qui aménerait quelque nouvelle brouille.

Il ne s'était pas trompé.

Roger surprit un second billet de M. de Royancourt, dans lequel il annonçait à Sylvandire que, pour que leur rupture n'eût pas cette fois les chances habituelles d'un racommodement, il partait à l'instant même pour Utrecht.

Sylvandire essaya en vain de dissimuler son dépit ; Roger put en suivre tous les progrès sur son cœur et sur son visage.

Le jour même du départ de M. de Royancourt pour la Hollande, elle reparla la première du voyage en Provence.

— Oh! sur mon honneur, se dit en lui-même Roger, je joue le plus ridicule et le plus avilissant de tous les rôles; mais, Dieu merci! nous voici tout à l'heure au dénoûment.

Il saisit donc avec empressement cette ouverture que lui faisait sa femme, et comme tous les préparatifs étaient faits depuis longtemps, le lendemain, 1er juin 1713, les deux époux partirent de Paris, amoureux, en apparence, comme deux ramiers.

VI.

Comment Roger et Sylvandire firent un charmant voyage en Provence et de ce qui s'ensuivit.

Roger avait si bien joué son petit rôlet, comme disait le roi Charles IX de catholique mémoire, qu'au moment de son départ il n'était bruit que de son amour pour sa femme. Tout le monde l'avait pris au sérieux, même d'Herbigny, même Clos-Renaud, même Chastellux, et ils répétaient partout que si le roi n'avait pu faire faire bon ménage à Richelieu au moyen de la Bastille, le château de Châlons-sur-Saône avait mieux servi les volontés matrimoniales de ce grand monarque à l'égard du chevalier d'Anguilhem.

Il n'y avait pas jusqu'à Cretté qui ne fût la dupe de son ami et qui n'ajoutât foi aux rumeurs publiques; il savait de quoi est capable une femme belle et persévérante, et chaque fois qu'il voyait mademoiselle Poussette, il lui donnait Sylvandire à étudier comme le modèle d'une grande coquette.

— Voilà des projets de vengeance fort bruyants, bien silencieusement avortés, disait-il; pauvre Roger, il voulait tuer tout le monde, et voici maintenant quil s'occupe du contraire. C'est peut-être, au reste, le parti le plus sage; décidément ce n'est pas encore l'exemple du chevalier d'Anguilhem qui me fera renoncer à ma liberté.

Pendant que chacun discourait, à Paris, de la sorte, Roger prenait avec sa femme le chemin du Midi; deux jours après leur départ, ils passaient à Châlons. Le chevalier voulut étudier l'effet que produirait sur sa femme la vue de la prison où il avait été enfermé. En conséquence, il la conduisit en face des murailles du château.

— Eh bien! demanda Sylvandire, après avoir regardé à deux ou trois reprises, que voulez-vous que je voie à cette horrible habitation?

— C'est là que je suis resté onze mois,

tandis que vous me cherchiez de par le monde, chère amie, répondit Roger.

Sylvandire fit une petite moue charmante qui voulait dire :

— Diable ! quelque aimable que soit le gouverneur, on ne doit pas beaucoup s'amuser là-dedans.

— Oui, oui, dit Roger en répondant à la pensée de sa femme, oui, c'est là que j'ai bien souffert, mais plus encore d'être éloigné de vous que de ma captivité même.

— Et *nous* qui étions si loin de nous douter de cela, répondit Sylvandire !

Le *nous* parut charmant à Roger.

Le lendemain Roger et Sylvandire arrivèrent à Lyon, où il s'arrêtèrent deux ou trois jours. Roger, dans son attention éternelle pour Sylvandire, ne permettant point qu'elle se fatiguât.

Pendant ces deux ou trois jours, Roger et Sylvandire firent un pélerinage à Notre-Dame-de-Fourvières, la plus renommée de toutes les madones de France pour entretenir la bonne harmonie dans les ménages où elle existe, et pour la rappeler dans ceux où elle n'existe plus.

C'était, comme on le comprend bien, une précaution inutile à l'endroit de Roger et de Sylvandire : ils s'aimaient tant qu'ils ne craignaient pas de voir s'affaiblir les sentiments qu'ils avaient l'un pour l'autre.

Après un séjour pareil à celui qu'ils avaient fait à Châlons, les deux époux quittèrent la seconde capitale de la France, et s'arrêtèrent successivement à Valence, à Orange et à Avignon.

A Avignon surtout. Comment passer à Avignon et ne pas visiter la fontaine de Vaucluse ? c'eût été un crime de lèze-poésie.

Or, à cette époque, les amours étaient des plus poétiques et surtout des plus champêtres ; ils affectionnaient les collines, les vallées et les fontaines. Voyez l'Astrée et Cléopâtre.

Ils firent donc un pélerinage à la fontaine de Vaucluse comme ils en avaient fait un à Notre-Dame-de-Fourvières, et pendant toute la route Roger n'appela Sylvandire que sa chère Laure, et Sylvandire n'appela Roger que son beau Pétrarque.

Les mendiants auxquels ils faisaient l'aumône sur le chemin, pleuraient en voyant un si beau couple.

Ils continuèrent leur voyage et arrivèrent

à Arles. Ils voulaient voir les ruines de la ville, qui disputa un instant le titre de reine du monde à Byzance. Sans le mistral, à ce que prétendent les savants, Arles était Constantinople.

Mais dans ce moment, on s'occupait beaucoup moins de ce qui s'était passé dans l'antiquité, que ce qui était arrivé il y avait une quinzaine de jours.

Un digne bourgeois de la ville d'Arles, qui avait eu le malheur de prendre en mariage une femme, à ce qu'il paraît, d'un caractère fort opposé au sien, et qui ne pouvait supporter les contrariétés que cette différence de tempérament apportait dans son ménage, résolut, à part lui, de devenir veuf. Mais devenir veuf n'était rien, s'il n'arrivait point à ce résultat par un moyen qui le mît à l'abri de la rigueur des lois.

Or, voici l'expédient qu'avait, pour arriver à son but, imaginé ce digne Arlésien :

Il avait sur les bords du Rhône une maison de campagne que sa femme aimait beaucoup, et à laquelle elle avait l'habitude de se rendre tous les dimanches. Le véhicule ordinaire employé par la dame en cette occasion était une charmante petite mule, proprement harnachée, et de laquelle, disait-on dans le pays, on prenait presque autant de soin que de celle du pape. Que fit le meurtrier ? il priva pendant les trois jours qui précédèrent le voyage accoutumé le pauvre animal de toute boisson, de sorte que lorsque, le dimanche matin, la dame se mit en route, accompagnée de son mari qui, cette fois-là, avait voulu être de la partie, et montée sur sa mule, celle-ci, qui cherchait de l'eau partout, eut à peine aperçu le Rhône, qu'elle prit le galop sans que rien pût l'arrêter, et s'élança dans le fleuve avec la même rapidité qu'un cerf aux abois et poursuivi par une meute, se jette dans une fontaine. Malheureusement ou heureusement, soit que le lecteur ou la lectrice voudra se placer au point de vue du mari ou de la femme, le Rhône était fort rapide en cet endroit, de sorte que la mule et la dame furent entraînées par le courant, et comme le fleuve, toujours heureusement ou malheureusement, était aussi profond que rapide, toutes deux eurent bientôt disparu dans les flots, tandis que le mari, que sa douleur sans doute enchaînait au rivage, faisait de grands cris, de grands bras et appelait au secours dans l'espérance que personne ne viendrait à son appel.

Cette espérance fut réalisée. La dame et la mule se noyèrent de compagnie. Le mari regretta fort la mule ; mais dans les grandes circonstances, il faut savoir faire des sacrifices.

Cependant la chose avait fait tant de bruit, que la justice s'en était émue ; le mari avait été appelé devant le tribunal ; mais il avait paru si désolé, il avait versé tant de larmes sur la mort de la défunte, que, faute de preuves, la justice l'avait relâché.

Sylvandire s'apitoya fort sur le destin de la pauvre femme, et Roger déclara dans son indignation, que si cet homme n'était pas un croquant, il irait lui demander raison de son infâme conduite.

Aussi tous deux quittèrent-ils en hâte cette

ville de malheur, et le lendemain les deux époux étaient à Marseille.

Comme c'était le terme de leur voyage, les deux époux s'arrangèrent dans un hôtel pour y séjourner quelque temps. Dès le jour de leur arrivée, ils allèrent se promener sur la Cannebière et dans les allées de Meillan, affichant partout leur amour qui se produisait par les caresses les plus extravagantes ; chacun les prenait pour de nouveaux mariés usant de leur lune de miel, et les admirait.

Dans l'hôtel qu'ils habitaient, dans le cercle où ils furent reçus, partout enfin, on faisait l'éloge de ce ménage favorisé.

Quelle charmante femme et comme son mari l'aime, disaient les hommes.

Quel beau gentilhomme et comme sa femme l'adore, disait les femmes.

On ne parlait à Marseille que de Roger et de Sylvandire.

Un jour, Roger, qui était sorti seul le matin, rentra au logis et prévint sa femme qu'ils allaient tous deux, sur le midi, rendre visite à un négociant sarde chez lequel il venait de placer fort avantageusement quelques fonds dont il était embarrassé.

Sylvandire lui demanda quelle toilette il était convenable qu'elle fît et Roger lui répondit : — La plus belle que vous aurez, ma chère. Je veux que cet étranger aille rapporter dans son pays qu'il n'a vu dans son voyage aucune femme plus belle que vous.

C'était là un de ces conseils que Sylvandire suivait toujours avec une ponctualité qui faisait honneur à son obéissance conjugale. Au reste, sa beauté, rehaussée par l'élégance des dentelles et le feu des diamants, était vraiment surnaturelle, et quand elle monta dans sa chaise, les porteurs eux-mêmes en furent éblouis.

Le négociant sarde demeurait rue de Paradis. C'était un long vieillard à barbe grise et pointue comme on la portait du temps du cardinal de Richelieu : Juif, Grec, Arabe, tout enfin, excepté Sarde, et qui parlait toutes les langues. Il semblait attendre impatiemment les deux visiteurs ; il alla au-devant d'eux avec un visage rayonnant. La beauté de Sylvandire semblait éclairer tout ce qui s'approchait d'elle.

Rien ne donne de la confiance comme le succès; Sylvandire avait vu l'effet qu'elle avait produit ; elle fut adorable de grâce et d'amabilité.

Roger, en mari galant et pour faire valoir l'esprit de sa femme, mit la conversation sur des matières tantôt badines, tantôt sérieuses.

Sylvandire soutint l'épreuve indiquée par Boileau et passa avec un égal succès, du grave au doux, du plaisant au sévère.

Roger s'épanouissait d'orgueil de temps en temps; il faisait au négociant sarde un signe de tête qui pouvait se traduire par ces mots :

— Vous voyez que j'avais dit vrai.

Et le Sarde répondait par un signe qui voulait dire évidemment :

— C'est une femme comme on en voit peu.

Roger pria Sylvandire de parler italien, et Sylvandire soutint la conversation pendant une demi-heure dans l'idiome toscan et avec l'accent romain.

Roger pria Sylvandire de jouer quelque chose sur le clavecin, et Sylvandire joua un morceau de l'opéra d'*Orphée* et chanta en s'accompagnant.

Le morceau se termina au milieu des applaudissements, et il y eut de nouveaux signes et de nouveaux sourires échangés entre les deux auditeurs.

Le marchand sarde dit quelques mots à l'oreille de Roger.

— Oh! pour cela répondit le chevalier, c'est impossible, et je crains que malgré mes prières, madame ne veuille jamais y consentir.

— Que dit donc monsieur, mon ami? demanda Sylvandire.

— Rien, répondit Roger.

— Mais enfin.

— Il désire une chose impossible.

— Laquelle ?

— Il dit qu'il a vu danser les gitanes d'Espagne, les almées d'Egypte, les bayadères de l'Inde.

— Eh bien !

— Et il prétend...

— Quoi ?

— Qu'il est convaincu que vous l'emportez en grâces sur ces dames, et qu'il est sûr que si vous vouliez danser un menuet ou une gavote...

— Oh ! dit Sylvandire.

— Je vous l'avais bien dit, mon cher ami, reprit Roger ; cela ne se peut pas.

— Cependant, mon ami, dit Sylvandire, ne

voulant pas rester en route de coquetterie et de séduction, cependant si j'avais quelqu'un pour figurer avec moi, je danserais volontiers un menuet.

— Mais, me voilà, moi, dit le vieux Sarde.

— Eh bien, moi je chanterai l'air, dit Roger.

Et il se mit à roucouler l'air du menuet d'Exaudet, tandis que Sylvandire avec son grotesque partner en exécutait les figures avec une précision et une grâce ravissantes.

Le succès de Sylvandire monta jusqu'au triomphe.

— Et quel âge a madame, demanda le marchand sarde, d'un ton d'une profonde admiration ?

— Dix-neuf ans, sept mois et quinze jours, répondit Roger ; pas encore vingt ans, mon cher monsieur, pas encore vingt ans.

— Vous ne m'aviez rien dit de trop, mon gentilhomme, répondit à son tour le Sarde; et l'éloge que vous m'aviez fait de madame, est encore, je dois le dire, resté au-dessous de la réalité.

— Oh! monsieur, dit Sylvandire, en jetant un coup-d'œil de reconnaissance à son mari.

— Non, parole d'honneur, reprit le Sarde avec un rire malicieux, vous êtes la plus charmante dame que j'aie encore vue, une vraie beauté orientale, une perle de sérail, une veritable houri, une femme impayable.

— Il me semble qu'on me fait la cour bien galamment, en votre présence, mon cher Roger, répondit Sylvandire en minaudant.

— Non, ma chère, répondit Roger, on vous apprécie dignement enfin, voilà tout.

Là dessus on prit congé, mais en les reconduisant, le Sarde invita les deux époux à déjeuner le lendemain avec lui à bord d'une tartane qui mouillait hors rade. Il s'agissait, outre le déjeuner, de prendre le plaisir de la pêche, c'était le temps du passage des sardines.

Cette partie de plaisir si nouvelle, enchanta Sylvandire qui accepta de grand cœur, et qui voyant que Roger ne répondait pas, se retourna avec inquiétude de son côté.

— Eh bien, mais, lui dit-elle, pourquoi gardez-vous donc le silence, refuseriez-vous?

— Non, chère amie, mais j'ai peur.

— Peur, et de quoi?

— Que vous ne puissiez supporter la mer.

— Oh! il n'y a pas de danger.

— Vous désirez donc faire cette partie de pêche.

— J'en meurs d'envie.

— Il faut faire tout ce que vous voulez.

— Vous êtes un mari charmant.

— Eh bien, donc, mon cher hôte, dit Roger, à demain.

— A demain, dit Sylvandire.

— A demain, dit le Sarde.

Le lendemain, à l'heure convenue, on était chez le Sarde. Une petite chaloupe propre et élégante attendait sur le port, un peu au-dessus de la douane. Tous trois montèrent dedans, et se rendirent à la tartane qui mouillait à la hauteur du château d'If.

C'était un charmant bâtiment taillé pour la course, et qui rasait les flots comme un oiseau de mer. Il était commandé par un patron de trente à trente-cinq ans, remarquable par sa figure orientale et par son costume étranger. Ce patron ne parlait qu'italien, ce qui donna à Sylvandire une nouvelle occasion de déployer sa science philologique. Il avait des yeux magnifiques, le nez grec et des dents comme des perles.

On déjeuna de bon appétit, on vit tirer les filets qui rompaient sous le poids du poison, et l'on convint, séance tenante, d'une pêche au feu pour le lendemain soir.

Rentrée au logis, Sylvandire ne tarit pas sur les louanges du patron; qu'il était beau, qu'il était fort, qu'il était courageux, quelle grande façon de s'exprimer il avait, avec quel luxe il avait reçu ses hôtes, et comme tout son équipage lui obéissait sur un mot, sur un geste, un signe.

— Assurément, dit Sylvandire, en mettant le pied sur le quai, cet homme est au-dessus de sa condition.

— Assurément, répondit Roger.

Le lendemain matin, Roger retourna chez le Sarde, au retour, il trouva sa femme qui dansait et riait toute seule.

— Bon, dit-il, elle est déjà amoureuse du patron.

On devait partir à six heures de l'après-midi seulement; de dix minutes en dix minutes, Sylvandire regardait la pendule: elle eût voulu pousser l'aiguille. Roger souriait amèrement et secouait la tête; mais Sylvandire ne s'occupait pas de Roger.

—Au moment de partir, arriva la permission de l'inspecteur du port: Roger demanda au négociant sarde si le temps serait beau.

—Superbe, répondit Sylvandire.

Mais le Sarde cligna de l'œil d'une façon toute particulière, et qui voulait dire : « Soyez tranquille, nous aurons le temps qu'il nous faut. »

On monta dans le canot, et comme on avait le vent debout, on n'avança que fort lentement. Il en résulta que la nuit était venue et qu'on n'était encore qu'à la hauteur de l'île de Pommègue.

Pendant le trajet, de gros nuages s'étaient

amoncelés à l'horizon et s'avançaient comme une marée, puis ils enveloppèrent la lune perdue au milieu de leurs vagues cotonneuses comme une île de feu ; mais peu à peu, ils l'étreignirent de leurs plis épais et commencèrent à faire pâlir sa lumière.

De son côté, la mer était sinistre et déferlait bruyamment sur les rochers et sur le rivage.

On voyait dans l'ombre de grandes bandes d'écume phosphorescente qui couraient comme des traînées de flammes.

— Mon Dieu, dit Sylvandire, il me semble que nous allons avoir une tempête.

— Que dites-vous du temps, mon cher hôte ? demanda Roger au marchand Sarde.

— Beau temps pour la pesse, beau temps pour la pesse, répondit celui-ci avec un regard railleur que Sylvandire surprit et dont elle fut effrayée.

— Que veut dire, monsieur, mon ami! dit-elle en se rapprochant de Roger.

— Roger frissonna en sentant le contact de cette femme qu'il avait tant aimée, et que peut-être il aimait encore.

Il recula machinalement.

— J'ai peur, dit Sylvandire

Roger ne répondit point et laissa retomber sa tête dans ses deux mains.

Alors le marchand sarde alluma une torche, et se levant, il l'agita quelque temps dans les airs, puis l'éteignit.

Le vent soufflait d'une façon lamentable, on eût dit des plaintes humaines.

En ce moment un éclair illumina le ciel, et à la lueur de cet éclair on vit la tartane qui courait des bordées à cinq cents pas de distance.

Bientôt on aperçut quelque chose qui s'avançait dans l'ombre ; c'était une chaloupe montée par cinq hommes.

Deux hommes ramaient ; deux hommes se tenaient à l'avant ; le cinquième était assis à l'arrière.

Sylvandire reconnnt dans ce dernier le patron de la *Tartane*.

Mais cette fois, ce visage qui lui avait paru si beau la vielle, lui parut empreint d'une expression sinistre.

— Abordez, dit le patron en italien.

Et la chaloupe et le canot se trouvèrent bord à bord.

— Mon Dieu! s'écria Sylvandire, devinant à l'expression des physionomies des nouveaux venus qu'il n'était pas, comme elle l'avait cru, question d'une partie de plaisir. — Mon Dieu! qu'y a-t-il donc et que va-t-il se passer.

A peine avait elle prononcé ces paroles,

que les deux rameurs et les deux hommes de l'avant sautèrent dans le canot ; et tandis que les deux rameurs contenaient Roger ou faisaient semblant de le contenir, les deux hommes de l'avant prirent Sylvandire à bras le corps et l'enlevèrent.

— Roger, s'écria-t-elle, Roger, au secours, à l'aide. Roger, sauve-moi, sauve-moi, sauve ta Sylvandire.

Roger se leva par un premier mouvement instinctif et machinal, mais les deux hommes l'arrêtèrent ; il est vrai que si Roger eût voulu il en eût pris un de chaque main et les eût jetés tous deux à la mer.

Mais, sans doute, il ne crut pas que c'était le moment d'user de ses forces et il se rassit en poussant un soupir et en passant la main sur son front.

Pendant ce temps, Sylvandire, pâle de terreur, passait du canot dans la chaloupe.

— Roger, Roger, esseya-t-elle de crier encore un fois. — Roger, à moi. Je me meurs ; et elle s'évanouit.

Il fallut que Roger se rappelât à la fois toutes les douleurs qu'il avait souffertes, tous les affronts qu'il avait essuyés, toutes les hontes qu'il avait bues, pour qu'il ne sautât point dans la chaloupe au dernier appel de la voix mourante de Sylvandire, et qu'il ne l'arrachât point aux mains de ces hommes.

Il avait levé la tête, il la laissa retomber dans ses mains.

— Au large, cria le marchand sarde.

Le patron prit Sylvandire des bras des hommes qui l'avaient enlevée, les rameurs saisirent leurs avirons, et la chaloupe s'éloigna rapidement.

— Addio, Padrone, cria le commandant de la tartane au marchand sarde.

— Addio, répondit celui-ci avec le petit ricanement qui lui était habituel.

Roger jeta un dernier regard vers Sylvandire, il vit encore sa robe blanche qui se détachait dans la nuit ; et comme les hommes et la chaloupe étaient déjà perdus dans l'obscurité, on eût dit une ombre qui glissait à la surface de la mer.

Mais au bout de quelque temps elle disparut dans la brume, et l'on ne vit plus rien.

Aussitôt le vieillard sarde prit les rames et se mit à ramer du côté opposé à la chaloupe, c'est à dire vers la terre, avec une vigueur qu'on n'aurait jamais soupçonnée dans ce maigre et débile corps.

— Eh bien ! dit-il à Roger, au bout de dix minutes de silence à peu près et en ralentissant le mouvement de ses avirons, eh bien ! vous voilà libre, monsou le sevalier. Les soses se sont-elles passées comme vous le désiriez et êtes-vous content de nous?

— Oui, répondit Roger d'une voix sombre, oui, je suis libre, et cela grâce à un crime.

— Bah! un crime, répondit le vieillard, il ne faut pas envisaser les soses ainsi. C'est une plaisanterie, voilà tout. Votre dame s'en va droit à Tounis, le patron il avait une commande d'un prince indien qui désirait oune femme française; vous, vous étiez las de la vôtre, cela s'est arranzé à merveille.

Roger regarda une dernière fois à l'horizon, et vit effectivement, sous un rayon de la lune, la tartane qui fuyait au milieu d'un brouillard blanchâtre dans la direction de Tunis.

— Allons, dit le vieillard, il faut sonser à nous maintenant; car nous approssons de la terre, dessirez promptement vos habits, trempez-vous des pieds à la tête dans l'eau de la mer et brisons un banc ou deux de ce canot.

Roger, en ce qui le concernait, exécuta silencieusement ses prescriptions, et par un vent qui devenait de plus en plus menaçant, ils rentrèrent au port vers une heure du matin.

De plus loin qu'il aperçut la tour ronde, le Sarde se mit à pousser des vociférations, des sanglots, des gémissements qui réveillèrent Roger du terrible songe qu'il achevait de faire.

— O povero! ô malheureux! ô povero marito! s'écria-t-il. Ohime! ohime!...

Ces cris, répétés avec variation d'idiome, firent sortir tous les douaniers de leur corps de garde, et près d'eux et autour d'eux, se groupèrent quelques bourgeois attardés.

— Qu'y a-t-il? cria le chef des gabelous.

— Ce qu'il y a, ce qu'il y a, ah! che schiagure, oune si sarmante femme, o! che peccato.

Et pendant que le vieillard poussait ces cris inintelligibles, la barque avançait toujours.

— Mais qu'est-il donc arrivé? s'écrièrent les assistants.

Alors le vieillard, tout en mettant pied à terre, raconta qu'au moment d'arriver à la tartane où Roger, Sylvandire et lui allaient faire une partie de pêche, un canot poussé par une lame avait heurté le leur, avait brisé un banc et le gouvernail, et cela avec une telle violence que, du choc, madame d'Anguilhem qui se tenait debout était tombée à la mer.

— Aussitôt, raconta toujours le vieillard, Roger s'était précipité après sa femme, mais en vain. La lame était grosse, le ciel était noir. La malheureuse Sylvandire n'avait point reparu.

Et il fallait voir les gestes animés du Sarde, sa pantomime furieuse. Il fallait l'entendre orner son récit de toutes les amplifications de la rhétorique italienne.

Six fois Roger avait plongé. Le Sarde avait voulu le retenir par les basques de son habit, mais inutilement; enfin, il allait plonger une septième fois, lorsqu'il l'avait saisi à bras-le-corps, s'était emparé de lui et l'avait retenu de force, en lui assurant que sa femme avait été recueillie par l'autre canot. Enfin, Roger s'était évanoui, et pendant ce temps, lui, pauvre vieillard, il avait ramené l'esquif au port. Quant aux hommes de la chaloupe, on ne les avait revus, et l'on ignorait quels gens c'était, la violence des flots les ayant, en un instant, entraînés hors de vue.

On plaignit d'Anguilhem; quelques assistants, plus sensibles que les autres, versèrent des larmes. Il était sombre, muet, immobile. On prit son abattement pour un désespoir qui touchait à la folie, et l'intérêt qu'on lui portait s'augmenta de sa morne attitude. S'il eût été pauvre, on l'eût couvert d'aumônes, tant sa position paraissait franche et sa douleur réelle.

En rentrant à son hôtel, Roger s'enferma. Le patron le reconduisit, et raconta à tout le monde le funeste accident de la nuit. Roger avait ordonné qu'on le laissât seul avec sa douleur; aussi, personne n'entra dans sa chambre que le négociant sarde, qui le lendemain, à dix heures du matin, vint s'informer de la façon dont le pauvre époux avait passé la nuit.

Puis tous deux mirent le verrou à la porte, et Roger compta cinq cents pistoles au sarde, en échange de quoi celui-ci lui remit un procès-verbal signé par quatre notables du pays, relatant l'aventure nocturne qui avait causé la mort de madame d'Anguilhem, jusque dans ses moindres détails.

D'Auguilhem envoya ce procès-verbal à maître Bouteau, avec une lettre pleine de réflexions lugubres.

Il fit aussi part de la perte qu'il venait de faire de son épouse bien aimée au marquis de Cretté, à d'Herbigny, à Clos-Renaud et à Chastellux.

Puis, il partit pour Anguilhem où il arriva douze jours après l'embarquement de Sylvandire.

Maintenant, avouons franchement une chose que nos lecteurs ont déjà sans doute devinée.

Le chevalier Roger Tancrède d'Anguilhem avait purement et simplement vendu sa femme à un corsaire tunisien, dont le marchand sarde était le correspondant en France.

Ce qui n'était pas mal ingénieux pour un provincial.

VII.

Comment le chevalier d'Anguillem apprit que son père n'avait pas remis à mademoiselle de Beuzerie la lettre dans laquelle il lui rendait sa liberté, et ce qui s'en était suivi.

Le baron d'Anguilhem, comme on le comprend bien, avec l'amour mêlé de respect qu'il portait au château de ses pères, n'avait point vu se faire un tel changement dans sa fortune sans songer à opérer quelques améliorations dans sa propriété. Aussitôt le mariage accompli, aussitôt ses intérêts réglés avec Roger, aussitôt son retour à Anguilhem enfin, il s'était donc mis à la grande œuvre qui le préoccupait depuis si longtemps, et que le manque de fonds l'avait seul empêché d'entreprendre.

Le premier de ces changements avait été une grande allée de sycomores qu'il avait fait planter devant son habitation, et qui, depuis deux ans et demi, étaient déjà devenus assez beaux ; de plus, entre les troncs de ces arbres, on avait intercallé une haie de sureau et de coudriers; au bout de cette allée qui avait près d'un demi-quart de lieue, on voyait s'élever le manoir d'Anguilhem, augmenté d'un étage, lequel était surmonté lui-même d'un pavillon belvédère, dont la mode commençait à s'introduire, même dans les environs de Loches.

Il va sans dire que dans ce mouvement architectural, qui avait donné à la maison un petit air seigneurial qui faisait plaisir à voir, la fameuse tour de la Guérite avait été scrupuleusement respectée.

Puis, agrandi du côté des bâtiments, le baron avait songé à s'arrondir du côté des terres; il avait acheté ce fameux marais de deux lieues qui ne rapportait rien qu'une magnifique chasse d'hiver aux canards et à la bécassine, mais qui donnait à la terre la même étendue qu'avait autrefois la baronnie; puis, les uns après les autres, il avait accaparé tous les petits bois qui avaient été si long-temps l'objet de sa convoitise, de sorte que le baron pouvait dire maintenant, mes bois, mes marais, mes plaines; faculté dont, il faut lui rendre cette justice, il n'abusait pas ridiculement.

Enfin le personnel s'était augmenté en raison du matériel. Il avait deux fermiers au lieu d'un, trois chevaux dans son écurie, parmi lesquels figurait Christophe qu'il avait ramené de Paris à son retour de la capitale, et qui à l'instar des vieux soldats qui avaient combattu à Steinkerke et à Berg-op-Zoom, avait ses invalides ; enfin à ses deux servantes, mesdemoiselles Marie et Gothon, et à son garde-chasse Lajeunesse, il avait ajouté deux domestiques mâles.

Nous ne parlons pas de l'abbé Dubuquoy qui, devenu inutile comme professeur, avait été élevé au rang de bibliothécaire et passait son temps à rassortir chez les libraires de Loches les 240 volumes dépareillés qui formaient le fonds de son domaine.

Grâce à cet état de maison, demeuré au reste au-dessous de ce qu'il pouvait être, le baron d'Anguilhem était considéré comme le plus riche propriétaire des environs. Les trois cent mille livres qu'il s'était réservées sur la fortune de M. de Bouzenois, lui rapportaient donc un million de saluts par an et des saluts les plus recherchés de sa province.

Quant à la baronne elle était restée exactement la même, c'est-à-dire le type le plus complet de l'excellente femme, de l'excellente mère; elle avait seulement ajouté aux six robes qu'elle possédait, les deux robes qu'elle avait fait faire à Paris; mais dans les grandes circonstances elle avait continué à faire elle-même la pâtisserie qu'elle faisait, au reste, à merveille, et à essuyer de sa propre main ces belles assiettes du Japon que Roger essuyait si bien.

Nous avons ramené Roger à cet endroit parce qu'au milieu de leur changement de fortune, ce bon père et cette tendre mère ne pensaient qu'au fils auquel ils la devaient ;

lorsqu'ils étaient ensemble, ce qui arrivait souvent, on était bien certain que le nom du chevalier prononcé par l'un ou par l'autre, allait mettre la conversation sur le chapitre de ce fils bien-aimé, et cependant, il faut le dire, il y avait des moments où le baron et la baronne accusaient Roger d'ingratitude.

C'est que jamais M. et madame d'Anguilhem n'avaient rien su de l'emprisonnement de Roger. Cretté avait compris avec raison que l'annonce d'une pareille nouvelle les tuerait, et comme, confinés dans leur province et n'ayant aucune relation à Paris, ils ne pouvaient aider en rien les amis de leur fils dans les démarches qu'ils faisaient, il avait voulu leur épargner une douleur inutile. Il leur avait donc écrit que le chevalier, chargé d'une mission secrète, était parti pour la Hollande, les prévenant en outre que, comme tout le monde devait ignorer le lieu de sa résidence, ils ne recevraient sans doute de longtemps aucune lettre de lui, attendu que dès cette époque, les gouvernements avaient adopté cette mesure, si heureusement perpétuée jusqu'à nos jours, d'ouvrir les lettres, dans le but parfaitement innocent de savoir ce qu'elles contiennent. Roger n'avait donc pas donné de ses nouvelles pendant quinze mois, ce que, grâce à la lettre de Cretté, ses parents avaient parfaitement compris; mais ce qu'ils n'avaient pas compris, en échange, c'est que Loches ne fût pas le plus court chemin de Paris à la Haye.

Roger, aussitôt sa sortie de prison, avait écrit à Anguilhem; mais, prévenu par Cretté, il avait entretenu ses parents dans leur erreur. Sa lettre, comme on s'en doute bien, avait été accueillie avec bonheur. Cependant, après une si longue absence, c'était lui, lui surtout, qu'on avait besoin de revoir. Les invitations de venir passer un mois au château d'Anguilhem s'étaient alors succédées avec l'acharnement de la tendresse maternelle; mais au milieu de ses graves préoccupations, Roger n'avait pas eu le temps de faire droit aux réclamations de ses bons parents.

En partant pour Marseille, Roger avait écrit enfin qu'il allait faire un voyage en Provence, et qu'à son retour il passerait par Anguilhem, où il séjournerait un mois ou deux.

Dès lors, on se prépara au château à recevoir l'héritier présomptif, à fêter l'enfant prodigue. On mit les ouvriers dans la plus belle chambre du château, et l'on fit venir de Loches un surcroît de meubles, afin qu'à son arrivée madame d'Anguilhem ne manquât de rien.

Aussi, quand une chaise de poste apparut

au bout de l'allée des sycomores, s'avançant avec cette allure fringante qui n'appartient pas à la province, le cri : « le chevalier ! le chevalier ! » retentit par tout le château, et chacun se mit sous les armes.

La chaise arrivait au grand galop. A la porte, elle s'arrêta. La portière s'ouvrit, et Roger tomba dans les bras de son père et de sa mère, qui versaient des larmes de joie ; puis, il passa de leurs bras dans ceux de son ancien professeur, l'abbé Dubuquoy.

A quelques pas derrière eux étaient les vieux serviteurs, amenés là par leur affection, et les nouveaux par leur curiosité.

Vieux et nouveaux trouvèrent que leur jeune maître était devenu un très joli seigneur.

Quant à Castor il hurlait dans sa niche, et s'élançait à faire croire qu'il allait briser sa chaîne.

Au bout d'un instant d'effusion, la baronne se souvint qu'il lui manquait un enfant. Elle jeta un coup-d'œil dans la voiture; et, la voyant vide...

— Et madame d'Anguilhem, s'écria-t-elle, où est-elle donc?

Une vive rougeur passa sur le front de Roger, et une larme, qui n'était pas hypocrite, tomba de ses yeux.

Hâtons-nous de dire qu'il n'en tomba qu'une.

— Il m'est arrivé un grand malheur, ma mère! dit Roger; j'ai perdu madame d'Anguilhem... Mais, rentrons; je vous conterai cela.

Il serait difficile de donner au lecteur une idée des cris de douleur et d'étonnement qui accueillit, au salon, le récit de la catastrophe de Marseille.

La baronne pensa s'évanouir de douleur, et elle ne se lassait pas de répéter comme Géronte :

— Mais qu'allait-elle faire dans cette galère !

Cependant Roger l'eut bientôt consolée, et pour produire ce grand miracle, il n'eut besoin que de prendre sa mère à part et de lui dire ces quelques mots :

— Dieu qui sait tout, ma mère, sait que madame d'Anguilhem ne me rendait pas heureux, et malheureusement le monde sait encore qu'elle n'a pas toujours eu pour notre nom tout le respect qu'elle lui devait; son malheur n'est donc qu'une punition.

Roger, forcé de mentir sur beaucoup de points, sur celui-là du moins ne mentait pas.

Depuis plus de trois ans, Roger n'avait pas vu Anguilhem; mais l'absence n'avait pas été assez longue pour qu'il eût rien oublié ; chacun de ses souvenirs était encore vivant dans son cœur et chacun de ses souvenirs se liait à son amour pour mademoiselle de Beuzerie. De souvenirs antérieurs, il n'en avait point ; il lui semblait qu'il n'avait commencé à vivre que du jour où il avait vu Constance.

La baronne avait, comme nous l'avons dit, fait préparer le plus bel appartement du château ; mais Roger demanda à coucher dans sa petite chambre. C'était là, on se le rappelle, que lui était apparue pour lui ordonner de vivre la jeune fille qu'il croyait morte. Il alla au tableau représentant le Christ, s'agenouilla comme il avait l'habitude de faire à cette époque là et essaya de retrouver sa prière d'enfant ; mais à l'époque où il priait, Roger était jeune, pur, plein d'illusion et de foi ; et surtout il n'avait pas commis une action qui, à tout prendre, ressemblait fort à un crime.

Roger s'emit au lit ; mais il resta longtemps au lit sans s'endormir. Cependant le sommeil vint et avec le sommeil les songes ; il lui sembla que le tableau tournait encore sur lui-même comme au temps des visions de sa jeunesse ; mais cette fois ce n'était pas Constance qui lui apparaissait, c'était Sylvandire, qui descendait du piédestal, et qui venait froide et glacée s'étendre près de lui.

Trois fois Roger se réveilla, et trois fois en se rendormant il retomba dans le même rêve.

Le matin, il se leva avec le jour, alla lui-même à l'écurie seller Christophe, et comme il avait besoin de chasser le souvenir de Sylvandire par un souvenir plus tendre, il suivit la route jusqu'à l'endroit où certain soir de Pâques il avait retrouvé le coche de M. de Beuzerie renversé dans le marais, et avait ramené triomphalement Constance sur ce même

Christophe qui, après six ans passés, le ramenait au même endroit.

Roger reconnut la place ; il lui semblait que l'événement était arrivé de la veille, et que tout ce qui s'était passé depuis ce temps était un songe.

A l'heure du déjeuner, Roger revint au château l'esprit un peu plus calme et un peu plus tranquille. Les souvenirs du matin avaient combattu les rêves de la nuit ; Constance avait vaincu Sylvandire.

Au dejeuner, Roger demanda des nouvelles de tout le voisinage ; mais, selon l'habitude des gens qui pensent trop à une personne, ce fut de cette personne là qu'il n'osa pas dire mot. Il espérait toujours que son père ou sa mère prononcerait le nom de mademoiselle de Beuzerie ; mais ce nom ne sortit pas de leur bouche.

Il est vrai de dire, au reste, que Roger attendait ce nom avec une impatience qui n'était pas exempte d'anxiété. A tout moment il s'attendait à entendre sortir de la bouche du baron, parmi les énumérations généalogiques de la province, cette fatale parole :

— A propos, mademoiselle Constance de Beuzerie a épousé M. de Croisey, ou tout autre.

Mais, au grand étonnement de Roger, le baron et la baronne semblaient s'être donné le mot, et pas un des deux ne parla de Constance.

Après le déjeuner, Roger remonta sur Christophe, qui partit en rechignant très fort. Il commençait à croire, en reconnaissant le cavalier à quelques vieilles habitudes qu'il n'avait pas perdues, que ses courses amoureuses allaient recommencer. Or, Christophe avait vieilli comme les autres personnages de cette histoire. Christophe, enfin, avait six ans de plus.

Cette fois, Roger se dirigea vers un but que le pauvre animal connaissait encore. C'était vers la chapelle Saint-Hippolyte, où Roger et Constance s'étaient enfuis, et dont le bon curé les avait si religieusement trahis.

Il espérait que le curé en le reconnaissant lui parlerait de Constance.

Hélas! le curé était mort et remplacé par un autre curé envoyé de Lorient. Le nouveau pasteur n'avait pas connu Constance; il n'y avait donc pas de probabilité qu'il en parlât.

Quant à la servante du nouveau curé, il l'avait amenée avec lui de Lorient; il n'y avait donc aucune chance qu'elle en sût davantage que son maître; d'ailleurs elle ne parlait que le plus pur bas-breton, langue que Roger avait peu pratiquée, quoique les savants aient découvert depuis que c'était l'ancien celtique.

Roger revint donc au château aussi ignorant qu'il en était parti.

Au dîner, même silence. Roger étair muet et préoccupé ; il retournait de tous côtés dans sa pensée la phrase par laquelle il devait entamer cette importante conversation. Enfin, après mille détours qui n'amenèrent aucune ouverture de la part de ses parents, il se hasarda.

—Et... et notre ancienne haine avec les Beuzerie, dit-il en essayant de sourire, vous ne m'en parlez point, mon père.

— Elle est bien calmée, et nous sommes cruellement vengés, répondit le baron.

—Bah ! et pourquoi cela, s'écria Roger en frémissant de tout son corps en songeant que Constance était peut-être morte ou mal mariée.

— Figure-toi, reprit le baron tandis que la baronne regardait son fils avec inquiétude; figure-toi que Constance n'a pas trouvé à se marier et qu'elle est encore fille.

Un tremblement convulsif s'empara de Roger. Il rougit et pâlit tour à tour. Il essaya de se lever de son fauteuil et retomba assis. Puis des larmes vinrent à ses yeux, et il laissa tomber sa tête sur sa poitrine en poussant un profond soupir.

— Oui, dit la baronne, elle s'est retirée voici bientôt un an au couvent de Loches, et l'on ne sait pas trop si malgré les instances de ses parents, elle n'entrera point en religion.

Ainsi quand Roger avait cru perdre Constance, il avait voulu se faire jésuite. Ainsi quand Constance avait perdu Roger, elle avait voulu se faire religieuse.

Dieu est donc au fond de tout amour réel.

— Pas mariée, répartit Roger ; pas mariée, et sans doute m'aimant toujours.

— Elle qui faisait tant la fière, dit le baron, ignorant ce qui se passait à cette heure dans le cœur de son fils.

— C'est à dire, reprit la baronne, elle dont les parents avaient tant d'orgueil ; car, pour Constance, Dieu sait que c'était une bonne et sainte fille que j'aimais comme une mère.

Roger remercia la baronne d'un coup-d'œil.

— Et... et qu'a-t-elle dit de mon mariage, reprit-il en hésitant.

— Ma foi, nous n'en savons rien, reprit le baron d'un air quelque peu embarrassé ; car nous n'avons pas vu les Beuzerie depuis ton départ.

La conversation en resta là; seulement Roger devint plus pensif encore qu'à l'ordinaire; et l'on se leva de table sans avoir ajouté un seul mot de plus.

Après le dîner, Roger prit son fusil, détacha Castor, auquel la joie de sortir avec son ancien maître rendit momentanément toute son ancienne vigueur, et il recommença ses promenades d'autrefois du côté de la garenne; mais, en trois ans, que de jours écoulés, et dans ces jours, que d'événements. A chaque pas du chemin, il trouvait un regret ou un remords; derrière chaque buisson, il craignait d'apercevoir Sylvandire et pleurait de ne plus voir Constance.

L'arrivée de Roger fut au reste fêtée dans tout le pays; la douleur qu'inspirait la mort de la jeune baronne ne fut pas de longue durée. Presque personne ne l'avait connue.

Puis, il y avait encore un motif pour que l'effet produit par l'accident qu'avait raconté Roger à sa mère, et que sa mère racontait à tout le monde, produisit une courte impression. Roger, en devenant veuf, était redevenu libre. Roger avait vingt-deux ans. Roger était plus beau qu'il n'avait jamais été, même du temps où on l'appelait le beau Roger ou le beau Tancrède. Enfin Roger possédait, sans compter ce qui devait lui revenir à la mort de ses parents, c'est-à-dire sans compter ses espérances, comme on le dit dans cet infâme argot qu'on appelle la langue des hommes d'affaires; Roger, disons-nous, possédait à lui en propre et pour le moment cinquante bonnes mille livres de rentes.

Aussi les mères de famille reprirent peu à

peu leur idée favorite, qui était de marier Roger à leurs filles.

Roger fut donc le héros de la chasse, des bals et des festins; mais hélas! un héros bien triste. Cependant, au milieu de ces réunions, il aperçut quelquefois une figure encore plus triste que la sienne : c'était celle du vicomte de Beuzerie. Chaque fois Roger s'éloigna de lui, car la vue de ce vieillard, dont l'orgueilleux entêtement avait été la cause première de ses douleurs, lui faisait mal, en lui rappelant toute une immensité de souvenirs amers.

Un jour à la chasse, il rencontra le vicomte près de cette même garenne où, à peu près trois ans auparavant, ils s'étaient si violemment querellés, et où depuis, partant plein d'espoir et d'illusions, Roger avait pris congé de Constance.

Roger salua le vieillard en le suivant d'un

œil attendri, car enfin quelque tort qu'il eût envers Roger, ce vieillard c'était le père de Constance.

M. de Beuzerie qui avait coupé à travers une pièce de luzerne pour éviter la présence du chevalier, se ravisa. Et venant droit à lui :

— Monsieur d'Anguilhem, lui dit-il, veuillez de grâce me dire vous-même, afin que je l'entende de votre propre bouche, si vous êtes marié ou si vous ne l'êtes pas.

— Je suis veuf, monsieur, répondit Roger en tremblant.

— Alors venez avec moi, monsieur, reprit le vicomte, et vous sauverez toute ma famille du désespoir; ma fille s'est renfermée à la Conception, elle ne veut rien entendre de nous, elle prétend que nous l'avons trompée, que vous êtes toujours garçon, que vous ne l'avez pas dégagée de sa parole, enfin qu'elle ne peut donc appartenir à personne qu'à vous ou à Dieu, et puis, peut-être aussi est-elle devenue folle, pauvre chère enfant, car depuis deux ans, sa mère et moi nous ne comprenons plus rien à sa conduite.

Roger laissa tomber son fusil et regarda le baron, en homme qui va s'évanouir.

— Hélas! hélas! dit le vieillard ému jusqu'aux larmes, tout est retombé sur nous ; monsieur d'Anguilhem, et nous sommes véritablement bien malheureux.

Roger sentit se dérober ses genoux sous lui :

— Oh! monsieur le vicomte, s'écria-t-il, pardonnez-moi, pardonnez à Constance. Mais je crois entrevoir la vérité, avant d'aller avec vous, laissez-moi aller à Anguilhem. J'ai un mot d'explication à demander à mon père, ensuite je suis tout à vous. A quelle heure désirez-vous que je sois demain à Beuzerie ?

— Attendez-moi alors, monsieur le chevalier, répondit le vicomte, et c'est moi qui demain vous prendrai en passant.

— Je vous attendrai.

— Mais songez que ce n'est point un engagement en l'air que vous prenez là, monsieur d'Anguilhem. Je compte sur vous; j'y compte, n'est-ce pas, reprit-il encore avec une affectueuse insistance, car il ne savait pas si la vieille offense qu'il avait faite à Roger ne vivait pas toujours au cœur de son jeune voisin.

Roger lui fit un signe à la fois de la tête et de la main, et reprit aussitôt le chemin d'Anguilhem. Cependant, au bout de cent pas, il se retourna et vit que le vieillard s'était assis et se tenait immobile et la tête baissée, pareil à une statue de la Résignation.

Deux heures après, Roger était de retour à Anguilhem.

— Mon père, dit Roger au baron qui cueillait des abricots dans son verger ; mon père, n'auriez-vous donc point remis à mademoiselle de Beuzerie la lettre que je vous avais prié de lui faire passer, et qui lui annonçait mon mariage?...

M. d'Anguilhem, pris ainsi à l'improviste, hésita un instant et rougit.

Cette honte d'un père qu'il respectait profondément, fut un reproche douloureux pour Roger. Aussi, prenant aussitôt les deux mains du baron dans les siennes :

— Oh! rassurez-vous, mon bon père, quoi que vous ayez fait, vous avez bien fait.

— Eh bien! non, mon cher Roger, dit le baron, je ne la lui ai point remise; tu ne m'avais pas dit ce que contenait cette lettre, et j'ai eu peur, je te l'avoue, que dans les circonstances difficiles où nous nous trouvions, cette malheureuse lettre ne fît plus de mal que de bien.

— Ainsi, cette lettre?

— Elle est encore là haut.

Et le baron, suivi de Roger, rentra au château, monta dans sa chambre, tira la fatale lettre d'un coffret de chêne où elle avait jauni, précieusement cachetée, et la remit à son fils.

— Oh! je comprends tout maintenant, s'écria Roger, je lui avais dit de ne croire qu'à mes paroles ou à mon écriture; elle n'a voulu croire à rien qui ne fût pas moi; elle a toujours attendu que je dégageasse ma parole;

et elle eût attendu ainsi jusqu'à la mort!... Oh! la sublime enfant, comme elle m'aimait!

Roger prit la lettre et remonta dans sa chambre afin de réfléchir tout à son aise aux événements passés et peut-être aussi aux événements à venir.

VIII.

Comment le chevalier d'Anguilhem et mademoiselle Constance de Beuzerie se retrouvèrent plus amoureux l'un de l'autre que jamais, et des perplexités où cet amour plongea Roger.

Roger passa une nuit fort agitée. Il vit en rêve toujours tourner le tableau ; et cette fois c'était Constance qui lui apparaissait, mais au moment où elle touchait la terre et approchait de son lit, Sylvandire se levait d'un air menaçant entre elle et Roger, de sorte que quelques efforts que fissent les malheureux jeunes gens, ils ne pouvaient jamais parvenir à se joindre.

Quelque peu de foi que Roger eût aux songes, celui-là était tellement en situation et avait un caractère si merveilleusement prophétique qu'il laissa dans son esprit une émotion qui n'était pas encore dissipée lorsque, vers les huit heures du matin, M. de Beuzerie arriva.

Le vieillard était à cheval. Roger fit aussitôt seller Christophe; car dès la veille il avait deviné qu'il était question d'accompagner le vicomte au couvent de Loches. Tous deux s'acheminèrent vers la ville.

Le long du chemin, le chevalier, en songeant qu'il allait revoir Constance, se trouvait parfois pris de si effroyables serrements de cœur, qu'il retenait son cheval tout à coup et pâlissait si fort, qu'on eût dit qu'il allait tomber. Alors M. de Beuzerie s'arrêtait lui-même et le regardait avec anxiété; mais aussitôt Roger rappelait toute sa force et se remettait en route.

Bientôt on aperçut Loches. Roger ne pouvait comprendre que dans cet amas de maisons, il y eût une maison qui renfermât Constance. Roger ne pouvait croire que dans une demi-heure, dans un quart-d'heure, dans cinq minutes, il allait se retrouver en face de celle qu'il n'avait pas vue depuis près de trois ans, et dont pendant ces trois ans il s'était cru séparé a jamais.

On entra dans la ville, on entra dans la rue. On frappa à la porte du couvent. La tourière ouvrit. M. de Beuzerie demanda sa fille, et la tourière répondit du ton le plus tranquille :

— C'est bien, monsieur le vicomte; entrez au parloir et l'on va la prévenir.

Cette réponse était bien simple et bien naturelle; cependant elle fit frissonnier Roger, il s'attendait qu'on allait lui dire que Constance n'était plus au couvent, ou peut-être comme on le lui avait dit à Chinon, que Constance était morte.

On entra dans le couvent, une religieuse introduisit le vicomte et Roger au parloir, puis les laissa seuls.

Ni le vicomte, ni Roger, n'échangèrent une parole, seulement le père s'approcha de la grille tandis que le jeune homme restait en arrière à peu près caché dans la demi-teinte.

Au bout de quelques instants la porte s'ouvrit, et Constance toute vêtue de blanc parut et s'avança vers la grille, avec une démarche lente et d'un pas qui semblait ne faire aucun bruit.

Elle était pâle et amaigrie, mais plus belle et plus gracieuse que jamais ; on eût dit que tout ce qu'il y avait de terrestre en elle s'était consumé au feu de son amour, et que de la femme souffrante en ce monde, il ne restait plus que l'ange bienheureux, prêt à remonter au ciel.

Mais tout à coup en détournant les yeux de dessus son père, le regard de Constance rencontra celui de Roger. Elle s'arrêta chancelante et jeta un grand cri. Roger crut qu'elle allait tomber, s'élança vers elle, et passant ses deux bras à travers la grille :

— O Constance, Constance! dit-il ; vous êtes un ange, mais si parfaite que vous soyez, me pardonnerez-vous jamais?

—Cest lui, dit Constance, c'est bien lui. Et, levant ses deux mains jointes et ses yeux au ciel : Oh! mon Dieu, dit-elle, je vous remercie. J'avais donc bien fait de croire. J'avais donc bien fait d'espérer. Le voilà revenu.

—Mais il n'en est pas moins vrai qu'il était marié, dit le vicomte de Beuzerie, tenant à prouver à sa fille qu'il ne l'avait point trompée.

— Marié, reprit Constance, marié. Est-ce vrai, Roger?

— Hélas! dit Roger, j'ai été obligé de céder à la nécessité, et voici la lettre que je vous écrivais à cette fatale époque, et que mon père, Dieu l'inspirait sans doute, ne vous a pas remise.

— Alors que venez-vous faire ici, Roger?
— Vous dire que je suis... libre... et vous remercier de votre généreux dévoûment.

— Vous êtes libre, Roger; ne dites-vous pas que vous êtes libre?

— Oui, murmura Roger d'une voix presque inintelligible.

— Mon père, s'écria Constance, mon père, je veux sortir d'ici, oh! mon Dieu, mon Dieu, moi qui vous demandais de mourir; oh! maintenant, mon Dieu, je veux vivre, Roger est libre!...

Chaque tendre parole de la jeune fille était un poignard enfoncé dans le cœur de Roger.

Roger se retourna vers M. de Beuzerie, et lui demanda un moment d'entretien avec Constance.

Le vieillard était si content de ce que sa fille, qu'il croyait perdue à tout jamais, allait lui être rendue, qu'il accorda à l'instant ce que Roger lui demandait, et qu'il sortit même du parloir.

A peine la porte fut-elle refermée que Roger saisit la main de Constance et la couvrit de baisers.

— Oh ! Constance, lui dit-il, vous voyez que j'ai été forcé par une nécessité insurmontable ; dites-moi, est-il bien vrai que vous me pardonniez ?

— Je vous pardonne et je vous aime plus que jamais, Roger ; puis s'interrompant tout à coup : oh ! malheureuse que je suis, s'écria-t-elle en cachant sa tête dans ses deux mains, je vous parle de mon bonheur, Roger, et je ne pense pas à l'ombre de cette pauvre morte que j'insulte et qui me maudit peut-être.

Roger sentit un frisson passer dans ses veines et poussa un soupir.

— Vous la regrettez, Roger, dit Constance, car sans doute elle était belle, oh ! plus belle que moi ! Ce n'est pas difficile, surtout maintenant ; mais, oh ! mais, elle ne vous aimait pas comme je vous aime ; et de cela, j'en suis bien sûre.

— Non, Constance, reprit Roger ; mais je n'en dois pas moins me conformer aux convenances. Il y a pour les deuils un temps obligé.

— Oh! oui, mon ami, oui, sans doute. Oh! l'attente avec l'espérance ce n'est rien ; c'est l'attente avec le désespoir qui est mortelle. Maintenant que vous m'êtes revenu après trois ans, je suis sûre de vous, Roger.

Et elle lui tendit la main avec cette angélique confiance qui avait fait d'elle presqu'à son insu, une femme sublime de résignation et de dévoûment.

En ce moment, M. de Beuzerie rentra, les deux jeunes gens se regardèrent en souriant. Ils s'étaient dit tout ce qu'ils avaient à se dire, et cependant il y avait trois ans qu'ils ne s'étaient vus. Mais il y a tant de choses dans les deux mots : *Je t'aime*, que lorsqu'on les a prononcés on a tout dit : et que si l'on veut s'apprendre quelque chose de nouveau, il faut les redire.

— Eh bien! Constance, es-tu prête dit le vieillard.

Constance regarda Roger, comme pour lui demander encore une fois s'il était bien vrai qu'elle dût sortir de son couvent

— Oui, monsieur, dit le chevalier au vicomte de Beuzerie, oui, mademoiselle consent à nous rendre à tous le bonheur que son absence nous enlevait.

Constance appuya ses deux mains sur son cœur et respira. Puis ses beaux yeux se relevèrent brillants d'émotion, un éclair de joie fit remonter le sang à ses joues et elle apparut belle et radieuse comme un ange.

Cependant M. de Beuzerie et sa fille ne pouvaient partir ainsi à l'instant même, la chose eût semblée par trop étrange. De son côté, Roger ne pouvait rester. Il salua donc M. de Beuzerie et Constance dont il baisa une dernière fois la main. Et tandis que le père et la fille prenaient congé de la supérieure et préparaient leur retour, Roger déchiré d'angoisses et suffoquant à chaque pas rentrait seul au château d'Anguilhem.

Sa mère le vit passer la figure toute décomposée : elle le suivit sur la pointe du pied, elle écouta à la porte de sa chambre, et elle l'entendit éclater en sanglots.

La chère dame se retira chez elle en secouant la tête tristement et comme une pauvre femme qui prévoit des malheurs, sans savoir ce que ces malheurs peuvent être ; et, parce que son fils pleurait, elle pleura.

Bientôt le bruit se répandit par toute la province que le vicomte de Beuzerie et le chevalier d'Anguilhem étaient allés rendre ensemble une visite à mademoiselle Constance de Beuzerie, et qu'à la suite de cette visite la novice avait renoncé à son projet d'entrer en religion et était revenue chez son père.

Chacun crut voir, dans ce retour inespéré de la jeune fille vers des sentiments plus mondains, une prompte solution aux difficultés qui s'étaient élevées jadis entre les deux familles, et que le premier mariage de Roger avait fait renaître plus acrimonieuses que jamais.

Constance elle-même ne doutait pas de son bonheur à venir ; elle avait eu foi dans Roger absent, comment se serait-elle avisée de douter de lui lorsqu'il revenait après trois ans et aussi amoureux que jamais ?

Et en effet, au milieu de tous ses souvenirs de jeunesse, Roger s'était repris à son premier, à son seul amour. Le sentiment qu'il avait éprouvé pour Sylvandire, il le sentait bien maintenant qu'il avait retrouvé Constance : c'était un amour tout matériel, le délire des sens, la fascination de la beauté, si cela peut se dire ; aussi cet amour, qui ne reposait sur aucun sentiment élevé, avait-il toujours été un amour plein d'inquiétude et de jalousie ; le sentiment qu'il éprouvait pour Constance, c'était du bonheur.

Mais ce bonheur était cruellement troublé par le souvenir de la catastrophe de Marseille. Parfois Roger parvenait à oublier cette terrible nuit, et alors son visage s'éclairait d'une joie suprême ; un sourire plein d'ineffable bonheur s'épanouissait sur ses lèvres, puis tout à coup une pensée traversait son esprit ; Roger devenait pâle comme la mort, ses cheveux se hérissaient, une sueur froide perlait à la racine de ses cheveux.

Le malheureux voyait disparaître dans le brouillard blanchâtre de l'horizon, la tartane fuyant du côté de Tunis.

Roger, comme nous l'avons dit, avait exprimé devant Constance le désir de porter un an le deuil, et Constance avait applaudi à cette observation des convenances. Roger ne lui avait pas dit un mot de mariage; mais Constance, restée fidèle à Roger malgré son infidélité, en voyant revenir Roger à elle, n'avait pas cru qu'il fût besoin de parler d'une union qui lui paraissait contractée depuis longtemps devant Dieu. Il en résulta donc que lorsque Roger, qui espérait que le bruit de la distraction de la capitale chasserait de son esprit les terreurs qui le tourmentaient parla, sous le prétexte de veiller à ses affaires longtemps abandonnées, de la nécessité d'un voyage à Paris, Constance ne fit aucune objection, et lui demanda seulement quand il comptait revenir.

— Le plus tôt que je pourrai, répondit Roger. Et cette réponse suffit à la confiante jeune fille.

Sur ce, Roger prit congé du château d'Anguilhem, du baron, de la baronne, de l'abbé Dubuquoy, de Christophe et de Castor ; et après avoir écrit au marquis de Cretté qu'il serait près de lui dans huit jours, il partit à petites journées.

Mais, au troisième jour, Roger ne put supporter cette lenteur ; elle lui laissait trop de temps pour penser aux choses qu'il voulait oublier. Il prit des chevaux de poste et arriva la quatrième nuit après son départ.

Il y eut encore un moment terrible pour Roger ; ce fut celui où il rentra seul à cet hôtel dont il était sorti avec Sylvandire. A peine osa-t-il lever les yeux, de peur de voir l'appartement de sa femme éclairé, et il s'attendait à ce que quelque domesitque allait lui dire :

— Madame est rentrée en l'absence de M. le chevalier, et prie M. le chevalier de monter chez elle.

Mais l'appartement était sombre et fermé, et aucune voix ne s'éleva pour parler de Sylvandire.

Breton déshabilla son maître : Roger tremblait devant cet ancien confident de sa jalousie. Il lui semblait que Breton, qui connaissait tous ses griefs contre Sylvandire, le regardait d'une certaine façon qui voulait dire :

— Eh bien ! nous avons donc pris notre revanche ?

Mais une épreuve plus terrible que toutes celles-là était celle qui attendait Roger lorsqu'il se présenta chez M. Bouteau. Le regard du beau-père fut scrutateur. On n'est pas juge pour rien; mais Roger avait réuni toutes ses forces pour ce moment, et il le soutint sans baisser les yeux. Le président n'aimait pas sa fille dont il avait pu apprécier le caractère pendant dix-neuf ans qu'il l'avait gardée près de lui ; mais il avait l'habitude de questionner, et il n'aurait pas été fâché de trouver, même dans sa famille, un petit procès criminel. Seulement cette fois l'occasion lui en manqua; car comment aller deviner l'imagination de cet expéditif Roger, qui, d'ailleurs ne réclamait aucune succession.

Il en résulta que maître Bouteau s'affligea avec Roger de la perte que tous deux avaient faite ; mais cela d'une façon si modérée qu'il continua à aller dîner de temps en temps chez son gendre, et qu'ils devinrent plus amis que jamais. Ce qui fit admirer à tout le monde cet amour de Roger qui, même après la mort de sa femme, se répandait encore sur toute la famille.

Cette intimité dura trois mois, à la grande édification du cercle qui pouvait l'apprécier. Mais un beau matin, en répondant avec furie à un avocat qui lui répliquait trop hardiment, maître Bouteau, qui était irascible et qui avait le cou gras et court, tomba frappé d'une apoplexie foudroyante et mourut sans reprendre même connaissance, événement qui ne laissa pas de faire un peu de plaisir à Roger, n'en déplaise aux meilleurs gendres du monde, qui, s'ils s'étaient absolument trouvés vingt-quatre heures dans la position de Roger, auraient compris comment le plus excellent beau-père peut devenir parfois une chose fastidieuse.

A la première nouvelle de cet accident, la

fille de chambre qui servait maître Bouteau depuis quinze ans, accourut chez Roger. Roger se transporta chez son beau-père; mais, comme nous l'avons dit, le respectable président ne reprit pas connaissance.

On ouvrit le testament. Maître Bouteau laissait trois cent mille livres à son gendre, cinquante mille livres à mademoiselle Fanchon, sa femme de chambre, et une centaine de mille livres répartis en legs pieux aux hospices et aux églises.

Quant à l'argent comptant, il n'en était aucunement question ; aussi ne trouva-t-on point traînant un seul petit écu. Mademoiselle Fanchon était une fille d'ordre.

Maître Bouteau fut enterré avec tous les honneurs dus à sa position sociale dans le cimetière du Père-Lachaise qui commençait à être le cimetière à la mode de cette époque.

Les cent mille écus à lui légués par son beau-père embarrassèrent fort Roger; cet argent lui pesait singulièrement. C'était l'héritage de Sylvandire; mais où lui faire passer cette somme? C'était là le hic. D'ailleurs avec cette somme, Sylvandire pouvait se racheter et revenir en France; cette idée faisait frémir Roger.

Il n'en résolut pas moins de tenir cette somme toujours disponible en bons au porteur.

Passons de maître Bouteau, avec lequel nous avons voulu en finir tout d'un coup, au marquis de Cretté avec lequel, grâce à Dieu, nous n'en avons point encore fini.

Si maître Bouteau avait eu un germe de soupçon, Cretté avait, lui, de son côté, poussé le germe jusqu'au plus complet développement; mais il était à la fois, chose rare, courtisan et délicat; il aimait d'ailleurs Roger comme il eut aimé son frère. Il ne fit donc à son ami aucune question à l'endroit de sa femme ; seulement il lui dit par manière de conversation et comme entre deux parenthèse :

— A propos, mon cher, tu sais, j'avais un vieux compte à régler avec ce Royancourt.

— Oui, répondit Roger.

— Eh bien, te sachant hors de toute atteinte, j'ai été le trouver à Utrecht et là, en pleine cour, je lui ai marché sur le pied de telle façon que je l'ai enfin forcé à se battre.

— Et… demanda Roger.

— Et je lui ai donné un joli petit coup d'épée dans le bas ventre.

— Tu l'as tué, alors ?

— Non, pas précisément ; il est même à

cette heure entre les mains d'un excellent chirurgien ; mais cependant, comme la blessure était grave, je doute qu'il passe l'hiver ; ne t'affectes donc pas trop sérieusement, si tu apprenais, d'un moment à l'autre, qu'il est passé de vie à trépas.

En effet, on lut un matin dans la *Gazette de Hollande*, l'article suivant, sous la rubrique d'Amsterdam, mars 1714 :

« M. le marquis de Royancourt est mort ce matin des suites d'une blessure qu'il s'était faite à la chasse. Ce gentilhomme était depuis huit mois chez nous, chargé par sa majesté très chrétienne d'une mission extraordinaire. »

Allons, allons, pensa Roger, il paraît qu'il y a cependant un dieu pour les honnêtes gens, puisque ce dieu me délivre l'un après l'autre de tous mes persécuteurs. Le proverbe a bien raison de dire : — Aide-toi, le ciel t'aidera.

Ce fut Cretté qui apporta à son ami cette gazette nécrologique.

— Voilà ta prison payée, lui dit-il, lorsque le chevalier eût lu l'article en question. Je me suis chargé de l'un, et toi tu t'es chargé de...

Mais Roger devint si pâle, que Cretté interrompit tout à coup, et tendant la main à son ami.

— Pardon, chevalier, lui dit-il, mais je ne te demande pas tes secrets ; seulement tu sais que si ces secrets étaient de nature à te compromettre un jour, tu me retrouveras dans l'avenir comme dans le passé.

Roger serra la main du marquis en poussant un gros soupir, mais il ne lui répondit rien.

Ce qui fit comprendre au marquis que la chose était fort grave.

Aussi Cretté en revint-il à son conseil habituel qui était la distraction ; aussi Cretté qui ne connaissait pas de distraction plus grande que celle que procure une maîtresse, invita-t-il Roger a prendre, ne fût-ce que pour quelque temps mademoiselle Poussette. La chose était d'autant plus facile qu'elle était pour le moment avec Chastellux qui, ayant eu aussi des chagrins de cœur, avait eu aussi besoin de consolations.

Mais Roger répondit que ses chagrins à lui étaient de ceux dont on ne guérit pas.

Cretté vit qu'il fallait tout attendre du temps.

Cependant comme le temps n'amenait aucun changement dans la mélancolie de Roger, laquelle au contraire devenait de plus en plus intense, Cretté s'entendit avec ses amis pour lui procurer de temps en temps et malgré lui-même, pour ainsi dire, quelques distractions ; mais ces distractions avaient presque toujours un résultat différent que celui que se proposait cet excellent ami.

Ainsi, un jour que d'Herbigny était venu chercher Roger pour faire avec lui une promenade à cheval à Saint-Cloud, d'Herbigny, convaincu que le marasme de Roger venait du chagrin que lui causait la mort de sa femme, d'Herbigny dit, en voyant passer une dame dans une calèche :

— Ah! que voici une dame qui ressemble à cette pauvre Sylvandire.

Puis comme il se retournait pour étudier l'effet produit par ces paroles consolatrices, il vit Roger cramponné des deux mains à sa selle, les cheveux hérissés, les yeux hagards, et pâle comme la mort.

— Qu'il était faible pour cette femme, se dit d'Herbigny en secouant la tête. Allons, c'est fini il n'en guérira jamais.

Et il ramena à l'hôtel Roger plus mort que vif.

Un autre jour, que Roger, d'Herbigny, Cretté et Chastellux, avaient dîné tous quatre ensemble, Chastellux proposa à ses amis de les conduire à la Comédie-Française, qu'il fréquentait beaucoup depuis sa liaison avec mademoiselle Poussette. Cretté et d'Herbigny acceptèrent dans le but de distraire Roger, Roger accepta sans savoir ce qu'on lui proposait.

On jouait *Phèdre*, qui commençait à prendre faveur, et *M. de Pourceaugnac*, qui avait à cette époque, comme il l'a encore aujourd'hui, le privilége d'exciter au plus haut degré l'hilarité de l'auditoire. Roger, toujours plongé dans ses réflexions, écouta *Phèdre* sans l'entendre, et commençait cependant à se dérider quelque peu à la comédie, lorsque vint la scène où les deux avocats chantent au malheureux époux limousin accusé d'avoir épousé deux femmes :

« La polygamie est un cas pendable. »

Or, cette scène qui fait tordre de joie le public, produisit un effet tout opposé sur d'Anguilhem. Il jeta quelques cris inarticulés que ses amis prirent pour des éclats de rire ; puis, se renversant en arrière, il tomba évanoui dans les bras de Cretté.

On le ramena à l'hôtel fort malade, et toute la nuit il eut le délire.

Cretté eut l'attention d'éloigner tout le monde de lui, et le veilla seul.

Le lendemain, le marquis de Cretté paraissait presque aussi soucieux que son ami, lequel se rétablit bientôt de cette crise, mais tout en conservant une tristesse qui, chaque jour, faisait de nouveaux progrès.

IX.

Comment l'ambassadeur persan Mehemet-Riza-Beg
vint à Paris pour présenter à Louis XIV les
hommages de son souverain, et comment
le chevalier d'Anguilhem se trouva
entraîné à faire une visite à cet
illustre personnage.

Ce qui rendait Roger de plus en plus triste, c'est que le temps s'écoulait pour lui avec une rapidité effrayante, et que sur l'année de deuil demandée, neuf mois déjà étaient révolus.

A la rigueur, comme on l'a vu, Roger n'avait rien promis à Constance, mais il était évident que Constance n'avait pas eu besoin des promesses de Roger pour regarder son union avec lui comme arrêtée. Du moment où Roger était allé la prier de sortir du couvent et où elle avait consenti à rentrer dans le monde, c'était sous la condition tacite de devenir la femme de Roger ; tout le monde d'ailleurs le pensait ainsi : le vicomte, la vicomtesse, le baron et la baronne, les voisins et les voisines de campagne, enfin tous ceux qui avaient connu les anciennes amours de Roger et de Constance, et qui avaient entendu parler de leurs nouveaux engagements.

Puis, disons-le, Roger lui-même aimait Constance plus qu'il ne l'avait jamais aimée. Tous les deux jours il recevait une lettre de la jeune fille, et chacune de ces lettres était un nouveau feuillet du livre de son cœur où

Roger lisait des promesses d'ineffables joies. La situation était affreuse ; la peur retenait Roger ; l'amour le poussait en avant. Son union avec Constance avait deux faces : l'une souriant au bonheur, l'autre pleurant à la mort.

Vingt fois Roger fut sur le point de partir pour Anguilhem et de tout avouer à son père et à Constance, mais son bon génie le retint comme Minerve retenait Achille, dans Homère.

Enfin, poussé par tout le monde, forcé dans ses derniers retranchements, perdant la tête après un nouveau délai de six mois, il engagea sa parole pour le commencement de décembre 1714, puis fit semblant de tomber malade espérant mourir, puis enfin il promit définitivement pour le mois de février 1715.

Constance s'était rendue à toutes ces raisons sans en demander même la cause ; elle avait accepté tous ces retards avec son angélique résignation. D'ailleurs elle avait perdu sa mère dans l'intervalle, et elle aussi avait pris le grand deuil.

Il avait été décidé que le mariage se ferait à Paris, et huit jours avant sa célébration, le baron et la baronne vinrent s'établir à l'hôtel d'Anguilhem, tandis que le vicomte de Beuzerie et sa fille descendaient dans une maison voisine, où Roger leur avait fait préparer un logement.

Tout avait été changé à l'hôtel d'Anguilhem ; meubles, tentures, tableaux, tout, jusqu'aux glaces. Roger eut regardé comme une profanation de faire servir à l'usage de Constance un objet quelconque qui eut appartenu à Sylvandire.

Roger, on se le rappelle, avait remis à sa mère sa part dans les diamants laissés par M. de Bouzenois. C'était le cadeau de la baronne à sa belle-fille.

Au reste, le futur mariage du chevalier d'Anguilhem faisait grand bruit de par le monde. On ne s'occupait que de cela et de l'arrivée de l'ambassadeur persan Mehemet-Riza-Beg, qui était, comme nous l'avons dit, arrivé dans la capitale porteur de présents de la part de son souverain pour Louis XIV. Les dames allaient voir cet ambassadeur le soir et les hommes le matin.

Un mot sur ce singulier personnage qui, pour se mêler un peu tard à notre histoire, n'en mérite pas moins une mention toute particulière.

Mehemet-Riza-Beg, était pour le moment, comme nous l'avons dit, le personnage dont, avec le chevalier d'Anguilhem, on s'occupait le plus. Cependant, nous devons avouer avec la modestie dont nous avons donné tant de preuves dans le courant de cette très véridique histoire, qu'on ne s'occupait du chevalier que dans un certain cercle du monde parisien, tandis qu'on s'occupait de Mehemet-Riza-Beg, par toute la France.

En effet, depuis Ab-Dallah qui, en l'an 807, avait été envoyé en ambassade par Aaron, roi de Perse, à Charlemagne, empereur d'occident, et qui lui avait amené de la part de son maître, un éléphant vivant, ce qui fut regardé comme une grande merveille, nos souverains successifs n'avaient reçu aucun message direct du pays des Mille et une Nuits, lorsque, vers le milieu de l'année 1714, le bruit se répandit que le shah de Perse Ussein, petit-fils du grand Sephi, et fils du sultan Soliman, ayant entendu vanter jusque dans Ispahan, sa capitale, les mérites du grand roi Louis XIV, avait résolu de lui envoyer un ambassadeur avec des présents. Cette nouvelle, encore incertaine, avait paru flatter singulièrement l'orgueil du conquérant de la Flandre; et comme si, au moment de lui rappeler le néant des grandeurs humaines, le ciel eût voulu donner un dédommagement à sa vanité, on apprit bientôt que Mehemet-Riza-Beg était débarqué à Marseille.

C'était une grande nouvelle pour Versailles que l'arrivée de cet ambassadeur. Le vieux roi, constamment tourmenté par son entourage de bâtards, frappé par la main de Dieu dans la personne de ses fils et de ses petits-fils, devenait de plus en plus maussade si bien que madame de Maintenon, femme de ressources cependant, se plaignait à ses familiers de cette tâche terrible qu'elle avait entreprise d'amuser l'homme le plus inamusable non seulement de France et de Navarre, mais encore de l'Europe toute entière.

Mehemet-Riza-Beg arrivait donc, comme on le voit, on ne peut plus à point pour galvaniser comme on dirait aujourd'hui, ce grand tombeau qu'on appelait Versailles, et ce grand cadavre qu'on appelait Louis XIV.

Aussi y avait-il des gens qui disaient tout bas que Mehemet-Riza-Beg n'était point l'ambassadeur d'Ussein, shah de Perse, mais de madame de Maintenon, reine anonyme de France.

Quoi qu'il en fût, et de quelque part qu'il vînt, Mehemet-Riza-Beg avait été reçu avec les plus grands honneurs. A peine avait-on appris son débarquement à Marseille que le roi avait envoyé à sa rencontre M. de Saint-Olon, son ambassadeur près du roi de Maroc : en effet, les honneurs dus aux envoyés extraordinaires avaient été rendus à Mehemet-Riza-Beg, lequel était arrivé à Charenton, le 26 janvier, avait fait son entrée dans la capitale, le 7 février suivant, et avait été reçu en audience solennelle, le 19 du même mois.

Or, comme nous l'avons dit, l'ambassadeur était la curiosité du jour; on ne parlait que de ses magnificences, de ses singularités, et des tourments que ses capricieuses boutades faisaient subir au baron de Breteuil, chargé par le grand roi de recevoir ce diplomate deux fois extraordinaire que lui envoyait son frère le shah de Perse.

Il était donc tout naturel qu'après avoir vu Versailles et Paris, M. de Beuzerie et sa fille demandassent à voir l'ambassadeur.

Roger qui s'épanouissait à l'approche de son bonheur nouveau, ne crut pas devoir refuser cette petite satisfaction à sa fiancée.

Il fut donc convenu que, comme la bénédiction nuptiale devait avoir lieu à midi et que rien n'est ennuyeux pour les nouveaux époux comme cette journée de noces pendant laquelle ils sont obligés de recevoir les compliments des parents et amis, il fut donc convenu, dis-je, qu'entre la bénédiction nuptiale et le dîner, on irait faire la visite projetée au susdit ambassadeur.

Le 26 février était le jour fixé pour l'union

de Constance et du chevalier. A force d'envisager ce moment solennel pour tous et terrible pour lui, Roger avait fini, non point par oublier la situation où ce second mariage le mettait, mais par s'étourdir sur elle.

Bref, il était comme ces gens qui ont fait le sacrifice de leur vie, qui savent que d'un moment à l'autre cette vie peut leur être reprise mais qui, en attendant, veulent passer aussi joyeux que possible les jours qui leur restent à vivre.

Roger, depuis le matin, s'était donc enivré du bonheur de voir Constance, et il avait tout oublié en la regardant.

En sortant de Saint-Roch, où Roger s'était marié, les dames ramenèrent Constance chez elle, afin de la déshabiller, et lui et Cretté s'acheminèrent vers l'hôtel des Ambassadeurs, où logeait Mehemet-Riza-Beg. Les hommes comme nous l'avons dit, étaient reçus le matin et les femmes dans l'après-midi.

Le marquis de Cretté connaissait le baron de Breteuil et lui avait fait demander des billets.

Tous deux, grâce à leurs billets, furent donc introduits chez son excellence. Il y avait foule, et l'on passait quatre par quatre, devant l'ambassadeur assis sur une natte au milieu de son salon, et qui saluait gravement les hommes à mesure qu'ils passaient. On annonçait les visiteurs au fur et à mesure.

Quand vint le tour des deux amis, on annonça, comme on avait fait pour les autres, le marquis de Cretté et le chevalier d'Anguilhem.

En ce moment, Riza-Beg était occupé à fumer, ou plutôt une esclave à genoux devant lui, était en train d'allumer sa pipe.

Roger remarqua que cette esclave, dont on

ne pouvait voir que le dos, était d'une tournure agréable.

En entendant prononcer les noms du marquis de Cretté et du chevalier d'Anguilhem, l'ambassadeur fit un mouvement et l'esclave se retourna.

Les deux gentilshommes, qui avaient déjà fait quatre pas dans le salon, s'arrêtèrent tout court et se regardèrent, immobiles et livides, comme si la tête de cette esclave, pareille à celle de Méduse, les eût changés en marbre; puis après un instant de stupéfaction, ils se prirent par la main et sortirent de la salle, à reculons, sans même avoir vu l'ambassadeur.

—Oh! Roger, dit le marquis en arrivant dans l'antichambre, quelle ressemblance !

—Cretté, répondit d'Anguilhem, ce n'est pas une ressemblance; c'est Sylvandire elle-même et je suis perdu.

Alors en deux mots, il raconta son histoire

au marquis ; au reste, il avait peu de choses à lui apprendre. Dans sa nuit de délire, il avait à peu près tout dit.

— En ce cas, s'écria Cretté, il faut fuir et sur-le-champ ; prends vite tout ce que tu as d'or et de diamants, et pars pour la Flandre, la Hollande ou l'Angleterre ; va au bout du monde, mais pars.

Roger ne bougeait pas de place.

—Mais comment est-elle venue avec cet animal d'ambassadeur ? dit Cretté.

— Qui peut sonder les desseins de Dieu ! répondit lugubrement d'Anguilhem.

— Allons ! allons ! s'écria le marquis en l'entraînant ; pas de théologie, ne perds pas une seconde ; envoie chercher des chevaux de poste, monte en voiture et pars.

— Partir sans Constance ; jamais ! jamais !

— Mais mon cher, sais-tu à quoi tu t'exposes ?

— A la mort, je le sais ; mais que m'importe de mourir pourvu que je ne meure que demain.

— Permets-moi de te dire que voilà un raisonnement parfaitement absurde. Demain, mon cher, tu auras, je l'espère, encore moins envie de mourir qu'aujourd'hui. Il faut vivre, morbleu ! et vivre longtemps ; ainsi pars donc aujourd'hui, à l'instant même : dis-moi où tu vas seulement, et demain, ce soir, je t'envoie ta femme, je la conduis s'il le faut où tu seras, et une fois ensemble, vous oublierez l'ambassadeur, vous oublierez Sylvandire, vous oublierez l'univers.

— Non Cretté, non ; abandonne-moi ; tu vois bien que je porte malheur !

— Oh ! si tu perds la tête, chevalier, cela va véritablement devenir insupportable ; mais veux-tu donc servir de risée à toute la France. Veux-tu... diable ; rappelle-toi la potence de M. de Pourceaugnac. A propos, voilà donc pourquoi..

— Hélas! oui mon ami.

— Pauvre garçon! Mais je te le répète, prends un parti, Roger, le roi ne plaisante pas avec les mœurs, peste! Songe au Fort-l'Évêque, à la Bastille, à Châlons-sur-Saône. Quinze mois de prison pour avoir négligé ta femme, et que sera-ce donc pour l'avoir vendue?

Tout en discourant ainsi, ils rentrèrent à l'hôtel d'Anguilhem. Constance en était sortie à son tour pour faire avec la baronne et ses jeunes compagnes sa visite à l'ambassadeur.

Cretté profita de ce moment pour pousser Roger à prendre une résolution. Roger avait à peu près trente mille francs d'argent comptant chez lui, et deux cent mille francs de diamants, c'était plus qu'il n'en fallait pour pourvoir aux premiers besoins. Il était donc à peu près décidé à fuir lorsque toutes les dames rentrèrent. Les portes de l'hôtel des ambassadeurs, par un des nombreux caprices de Riza-Beg, avaient été fermées tout à coup, et la réception remise à cinq heures du soir.

La vue de Constance produisit son effet. Roger n'eut plus la force de fuir, ni le courage de tout révéler; on annonça que le dîner était servi. Roger suivit machinalement les convives et se mit à table avec une telle préoccupation que tout le monde le remarqua.

Mais un jour de noces, la tête d'un nouveau marié peut être en proie à des préoccupations de tant de natures différentes que personne n'eut l'indiscrétion de lui demander à quoi il songeait; seulement, de temps en temps Constance le regardait avec inquiétude, et au moindre bruit, d'Anguilhem et Cretté tressaillaient et portaient les yeux sur la porte.

Ils atteignirent ainsi le dessert ; Roger et Cretté commençaient à se rassurer quelque peu. Roger souriait à sa femme et lui rendait la vie par son sourire. Cretté racontait avec cette aristocratie charmante que si peu de personnes ont conservée de nos jours quelques unes de ces anecdotes que personne n'ose plus raconter, lorsque tout à coup un négrillon fort maussade entra et demanda M. le baron d'Anguilhem.

M. d'Anguilhem père se levait déjà lorsque Roger, comprenant que c'était à lui que le message s'adressait, fit signe à son père de se rasseoir, et pâle comme la mort suivit le négrillon.

Roger descendit l'escalier sans avoir la force d'adresser une seule question à son guide. D'ailleurs, s'il lui fut resté quelque doute, la chose lui eût été promptement expliquée. Il vit, au milieu de la cour, une chaise à deux places, et dans cette chaise, assise au fond, la jeune esclave qu'il avait reconnue le matin et dont la reconnaissance avait produit sur lui un si terrible effet.

L'esclave fit signe à Roger d'entrer dans la chaise et de prendre place vis à vis d'elle.

Roger obéit sans prononcer une parole et s'assit sur le devant. Le négrillon referma la portière de la chaise. Les deux anciens époux se trouvèrent en tête-à-tête.

— Enfin, dit Sylvandire, je vous revois donc, mon cher Roger ; ce n'est pas sans peine, Dieu merci.

Roger s'inclina.

— Vous ne comptiez pas sur moi pour aujourd'hui, n'est-ce pas ? reprit Sylvandire, en se donnant, vis-à-vis Roger, le petit plaisir que prend le chat qui joue avec la souris avant de la dévorer.

— Non, je l'avoue, répondit Roger.

— Oui, vous me croyiez à Constantinople,

au Caire, ou tout au moins à Tripoli ; mais je vous aimais tant, cher ami, que je n'ai pu supporter votre absence, et que j'ai saisi avec empressement la première occasion qui s'est présentée de revenir en Europe.

— Vous êtes bien bonne, murmura Roger.

— Mais comment ai-je été recompensée de cet amour ? j'arrive, je m'informe de vous, on me dit que vous allez prendre une autre femme, et aujourd'hui, aujourd'hui même, vous vous mariez ; mais savez-vous que je suis jalouse, ingrat !

Chacune de ces paroles glaçait le pauvre Roger ; enfin, après un instant de silence pendant lequel Sylvandire ne détourna pas l'œil de dessus lui :

—Mais enfin, que me voulez-vous? demanda Roger.

— Je voudrais savoir pour quel prix vous m'avez vendue, afin d'ajouter cette somme aux petites réclamations que j'ai à vous faire.

— Ma foi, dit Roger, je pouvais bien au bout du compte, faire vendre une femme qui m'avait fait emprisonner.

— J'aurais du faire pis encore, scélérat que vour êtes, répondit Sylvandire du ton le plus caressant,

— Me faire tuer, n'est-ce pas? Ah! ma foi, madame, si vous aviez agi ainsi, vous m'auriez, je vous l'avoue, rendu un fier service.

— Ecoutez, dit Sylvandire, trève de plaisanteries et causons affaires.

— Volontiers, répondit Roger; mais je vous jure que pour mon compte je ne plaisante pas et ne suis pas le moins du monde disposé à plaisanter. Parlez-donc aussi sérieusement que vous le voulez, je vous écoute.

— Roger, reprit Sylvandire, savez-vous que, sans vous en douter, vous avez fait mon bonheur ? J'ai rencontré Mehemet-Riza-Beg, je lui ai plu, et il m'a épousée.

— Comment ! s'écria Roger avec un rayon d'espoir, et vous aussi vous êtes mariée !

— Oui, mais à la manière mahométane, ce qui est fort bon peut-être là-bas, mais ne vaudrait certainement rien ici. Il en résulte que moi je n'ai réellement qu'un mari, tandis que vous, vous avez deux femmes. Or, vous le savez, mon cher mari, l a polygamie est...

— Oui, oui, je le sais, dit Roger.

— Vous êtes donc parfaitement pris, parfaitement en mon pouvoir, car j'ai attendu que la chose fût faite, vous comprenez bien; et, dans tous les cas, quand même vous ne seriez pas venu poliment me faire votre visite ce matin, vous auriez eu la mienne ce soir.

— Mais vous voulez donc me perdre ? s'écria Roger.

— Vous êtes fou. Que m'en reviendrait-il de vous perdre? Non, non, cher Roger, je veux d'abord que vous me rendiez les cent mille écus dont vous avez hérité de mon pauvre père.

— Oh! ceci, s'écria Roger, c'est trop juste, et ils sont là en bons au porteur, tout prêts à vous être remis.

Et Roger fit un mouvement pour descendre de la chaise et aller chercher le portefeuille.

Mais Sylvandire l'arrêta.

— Attendez donc, attendez donc, dit Sylvandire. Oh! ce n'est pas tout, et vous n'en serez pas quitte à si bon marché.

— J'attends, dit Roger.

— Plus, les cent mille écus de ma dot.

— Comment! de votre dot; vous savez bien que ces cent mille écus-là, je ne les ai jamais reçus.

— Je sais qu'ils sont portés sur mon contrat de mariage, et que je ne puis en faire tort à mon second mari, dont les procédés, vous en conviendrez, sont bien différents des vôtres ; puisqu'il m'a achetée, et que vous, vous m'avez vendue.

— Eh bien ! dit Roger, à la bonne heure, ces cent mille écus, je vous les donnerai encore.

— Puis... dit Sylvandire.

— Comment ! il y a encore autre chose ? s'écria Roger.

— Sans doute, il y a le prix de ma personne que vous avez reçu. Que diable ! mon cher Roger, j'étais sinon majeure, mais du moins émancipée, et je pouvais toucher moi-même ; on n'est pas fille d'un jurisconsulte pour rien.

— Quand à cela, dit Roger, je puis vous donner ma parole d'honneur que je n'ai pas touché un sou, et même... et même, tenez, que j'ai donné cinq cents pistoles en retour.

— Oh ! ce n'est pas galant, ce que vous me dites-là, monsieur, répondit en minaudant Sylvandire ; mais comme vous êtes homme d'honneur et que vous me donnez votre parole, je vous crois ; ainsi donc ce sera, si vous le voulez bien, six cent mille livres.

— Quand les voulez-vous ? demanda Roger.

— J'avais bien envie cependant, continua Sylvandire sans répondre à la question, j'avais bien envie de paraître au salon au lieu de m'arrêter dans la cour, et de faire annoncer tout à coup, par l'honnête Breton.... vous avez toujours Breton ?

Roger s'inclina affirmativement.

— Et de faire annoncer par l'honnête Breton madame d'Anguilhem, afin de voir votre figure renversée entre vos deux femmes, Turc que vous êtes. Mais j'ai préféré une autre satisfaction. Vous me donnerez, comme je vous l'ai dit, six cent mille livres d'abord, et ensuite nous verrons.

— Où voulez-vous que je fasse porter cette somme? demanda Roger.

— A l'ambassade, répondit Sylvandire. Vous demanderez l'esclave favorite de son excellence Mehemet-Riza-Beg; je saurai ce que cela veut dire et je me rendrai à l'invitation.

— Et quand vous faut-il ces six cent mille livres? demanda Roger, répétant la question qui était restée sans réponse.

— Dans deux heures.

— Dans deux heures! s'écria Roger; mais autant vaut me demander de me faire sauter la cervelle. Comment voulez-vous que je réunisse cent mille écus dans deux heures?

— Mais vous avez des diamans, vendez-les; vous avez des amis, faites un appel à leur bourse. Je suis fâchée d'être si exigeante, mais nous partons très incessamment, mon cher Roger. S. E. Mehemet-Riza-Beg, n'est même restée que sur la demande pressante que je lui ai faite d'attendre que votre mariage fut célébré.

— Dans deux heures! dans deux heures! s'écria Roger, mais c'est impossible, attendez au moins jusqu'à demain matin.

— Je n'attendrai pas une minute.

— Alors faites ce que vous voudrez.

— Ce que je veux, oh! mon Dieu, c'est bien simple ; je vais entrer à l'hôtel, monter dans notre chambre, et me coucher en vous attendant. Angola, continua Sylvandire en s'adressant au négrillon et en faisant un mouvement pour descendre : ouvrez, je veux sortir.

Le négrillon porta la main au bouton de la portière : Roger arrêta Sylvandire.

— Mais songez donc aux conséquences?

— Il n'y a de conséquences que pour vous. Mehemet n'a d'autre droit sur moi que de m'avoir achetée. Or, je doute qu'une pareille vente soit fort légale en France. De plus, comme c'est vous qui m'avez vendue, vous serez mal venu à me reprocher ce qui s'est passé pendant que j'étais dans la possession de mon acquéreur.

— Mais, madame.

— Écoutez, dit Sylvandire. J'ai dit que je vous donnais deux heures, et comme je n'ai qu'une parole, je vous les donne encore; mais si, dans deux heures, écoutez-moi bien...

— Ah! je ne perds pas une parole, répondit Roger avec un soupir.

— Si dans deux heures les 600,000 livres ne sont pas à l'hôtel de l'Ambassade...

— Eh bien, demanda Roger avec anxiété.

— Eh bien, mon cher Roger, répondit Sylvandire, attendez-vous à entendre annoncer madame Roger d'Anguilhem et à me voir paraître.

Sur quoi, Sylvandire salua son mari d'un charmant petit mouvement de tête et d'un adorable sourire ; puis le négrillon, sur un signe de sa maîtresse, ouvrit la portière de la chaise, et Roger sortit.

Aussitôt la chaise se mit en mouvement pour s'éloigner ; mais jusqu'à la grande porte, Sylvandire, la tête entièrement hors de la litière, continua de saluer Roger de la main.

X.

Comment le marquis de Cretté négocia l'affaire au nom du chevalier d'Anguilhem et comment il s'ensuivit, pour toute cette histoire, un dénoûment des plus inattendus.

Roger retrouva Cretté qui l'attendait sur la dernière marche de l'escalier.

— Eh bien ! lui demanda le marquis ?

— Eh bien ! mon ami, c'était-elle, dit Roger.

—Je m'en étais douté. Que veut-elle? que demande-t-elle?

— Des choses impossibles.

— Mais enfin.

— Six cent mille livres dans deux heures.

— Six cent mille livres dans deux heures, répéta Cretté, bon!

— Comment! bon; mais je n'en ai que trois cent mille là haut, et d'ici à deux heures si je n'en ai pas trouvé trois cent mille autres, ce qui est impossible.....

—Eh bien! si tu n'en as pas trois cent mille autres, que fait-elle?

—Elle vient à l'hôtel et se fait annoncer publiquement sous le nom de madame Roger d'Anguilhem.

— Elle ne le fera pas.

—Pourquoi?

— Je n'en sais rien ; mais si elle avait pu le faire elle l'aurait fait.

— Ah ! mon ami.

— Écoute Roger, on te demande de l'argent, on ne reprend pas ses droits, on se cache, il y a quelque chose là dessous.

— Mais, mon ami, elle ne se cache pas, puisque dans deux heures, m'a-t-elle dit, elle se fait annoncer chez moi sous le nom de ma femme.

— Oui, je sais bien, c'est inquiétant.

— Mon ami, je vais remonter chez moi et me brûler la cervelle.

— Il sera toujours temps d'en venir là, laisse-moi donc faire.

— Mais que vas-tu faire ?

— Je n'en sais rien, mais je vais tâcher de te sauver.

— Ah mon ami, mon seul ami, mon cher Cretté, s'écria Roger en se jetant entre les bras du marquis.

— Eh bien oui, je sais tout cela, répondit Cretté; mais il ne s'agit pas de perdre notre temps à nous attendrir dans les bras l'un de l'autre.

— Que faut-il que je fasse? je m'abandonne à toi, ordonne, j'obéis.

— Retiens tes convives au salon, il est huit heures et demie, seulement; cela sera donc facile; fais bon visage si tu peux, je ne veux pas trop exiger de toi, pauvre ami; empêche que personne ne pénètre dans ton salon sans avoir parlé à Breton.

— Je le mettrai de garde à la porte.

— Maintenant donne-moi les trois cent mille livres de bons au porteur. Tout ce que tu as de bijoux, tout ce que tu possèdes d'argent comptant. Je passe chez mon notaire et je taris sa bourse. C'est bien le diable si nous n'arrivons pas à la somme voulue.

— Oui, oui, Cretté; trouve-moi cette somme, vends tout; sauve-moi.

Et Roger remonta avec son ami, prit les trois cent mille livres, passa avec lui dans la chambre de Constance et prit tous les diamants qu'il avait donnés à sa femme. Puis, sautant dans sa voiture, qu'il avait ordonné d'atteler pendant ce temps, Cretté partit au galop de ses chevaux.

Roger rentra au salon, et, comme le lui avait prescrit Cretté, il fit aussi bonne contenance que possible.

Pendant ce temps, Cretté courait chez lui et prenait vingt-cinq mille livres, de là il passait chez son notaire qui lui en donnait cinquante mille. Tout cela avec trente mille livres d'argent comptant que lui avait remis Roger, et les diamans côtés au prix de l'inventaire, faisait près des six cent mille livres demandées.

Toutes ses courses avaient pris une heure et demie. Il n'y avait donc pas de temps à perdre.

En sortant de chez son notaire, il ordonna de toucher à l'hôtel des Ambassadeurs.

Cinq minutes après, il mettait pied à terre à la porte.

Il monta l'escalier. C'était l'heure où, grâce au changement opéré dans les réceptions, les femmes descendaient.

Il rencontra mademoiselle Poussette qui venait de faire sa visite et qui regagnait sa voiture en riant aux éclats.

Cretté essaya de l'éviter craignant qu'elle ne lui fît perdre un temps précieux; mais il n'y eut pas moyen; mademoiselle Poussette l'avait aperçu, elle se laissa aller dans ses bras en pâmant de rire.

— Eh bien! voyons, que se passe-t-il donc, demanda Cretté, et qui vous fait rire ainsi, mademoiselle?

— Ah! mon cher marquis, s'écria mademoiselle Poussette, l'aventure la plus inouïe, la plus miraculeuse, la plus inattendue, la plus mythologique, la plus fabuleuse...

— Mon Dieu, se demanda Cretté à lui-même, aurait-elle par hasard reconnu Sylvandire ?

— Une aventure comme on n'en trouve que dans les romans, dans les livres de fées, dans les contes des *Mille et une Nuits*, une aventure que vous ne voudrez pas croire.

— Si, si, s'écria Cretté, si, je vous croirai ; mais dites vite, ma charmante, car je suis pressé.

— Vous montez chez l'ambassadeur ?

— Oui.

— Eh bien ! regardez-le bien en face, bien entre les deux yeux comme je vous regarde dans ce moment-ci, ôtez-lui en imagination sa barbe et ses moustaches, et venez me voir demain matin, je ne vous dis que cela ; ou même ce soir si vous l'aimez mieux, monsieur le marquis, ajouta-t-elle avec un petit serrement de main et un sourire des plus gracieux.

— Comment! dit Cretté, que je regarde l'ambassadeur en face, que je le regarde entre les deux yeux, que je lui ôte sa barbe et ses moustaches..... Poussette, ma chère amie, mon adorable, connaîtriez-vous, l'ambassadeur, par hasard?

— Si je le connais!... comme je vous connais, comme je connais d'Herbigny, comme je connais Chastellux... comme j'eusse probablement connu votre ami Roger s'il n'avait pas toujours fait le cruel.

— Poussette! ma chère enfant, s'écria le marquis, tu peux me sauver la vie...

— A vous, marquis?

— Non, pas à moi précisément, mais à mon meilleur ami, ce qui est absolument la même chose,.. à Roger.

— Que faut-il faire pour cela?

— Cet ambassadeur, qui est-il, son nom, Poussette, son nom? vingt mille livres et les bonnes grâces du plus beau gentilhomme de

Paris, je m'y engage en son nom, s'il ne paie pas, je paierai. Poussette, ma bonne amie, quel est le nom de cet ambassadeur ?

— Ah ! fi donc, vous me croyez intéressée, marquis, vous mériteriez bien...

— Poussette, son nom ? et je suis à minuit chez toi avec les vingt mille livres, attends-moi.

— Eh bien ! marquis, c'est... vous ne le croirez jamais.

— Va toujours. Je crois invariablement ce que me disent les femmes.

— C'est...

— Poussette, tu me fais mourir.

— Eh bien ! c'est l'Indien.

— Quel Indien ?

— Mais l'Indien, vous savez bien, mon amant jaune.

— L'adversaire de Roger, l'homme au procès ? Afghano ? s'écria le marquis.

— Lui-même.

— Ah! Poussette de mon cœur, viens que je t'embrasse!

Et Cretté serra la demoiselle dans ses bras, sans s'inquiéter d'être vu par les personnes qui continuaient de descendre de chez l'ambassadeur.

— Mais en es-tu bien sûre? continua-t-il, ne pouvant croire à une si heureuse nouvelle.

— Je vous dis que je l'ai reconnu, malgré sa barbe qu'il a laissée pousser, malgré ses dents teintes en noir, malgré ses ongles teints en rouge, et quoiqu'il ait fait semblant de ne pas me voir, le monstre! Ah! marquis, marquis, que les hommes sont ingrats!

— Ma chère Poussette, dit Cretté, je veux être pour vous la preuve du contraire; à minuit je serai chez vous; attendez-moi donc à souper.

— Et si Chastellux vient?

— Vous lui direz que vous avez la migraine.

— Comme vous arrangez cela, monsieur le marquis, dit mademoiselle Poussette en tâchant de rougir.

— Moins bien que vous, je le sais, ma Vénus, aussi je m'en rapporte entièrement à votre sagacité. Adieu, Poussette, et si vous m'avez dit vrai, eh bien, vous m'avez rendu un service que je n'oublierai de ma vie.

Mademoiselle Poussette regagna sa chaise, et Cretté monta les escaliers quatre à quatre. A la porte de l'ambassadeur, le négrillon l'arrêta.

— Que voulez-vous? dit-il, l'heure de la réception des hommes est passée pour son excellence.

— Aussi n'est-ce point son excellence que je demande, répondit Cretté, c'est son esclave favorite.

— Alors vous venez...

— De la part du chevalier d'Anguilhem.

— En ce cas entrez.

Et le negrillon introduisit Cretté dans une chambre meublée à l'orientale, puis il le laissa seul en lui disant qu'il allait prévenir la personne que M. le marquis demandait.

En effet, cinq minutes après, Sylvandire entra.

— Ah! c'est vous, monsieur le marquis, dit Sylvandire; j'avais un pressentiment que j'allais avoir le plaisir de vous revoir. Ce pressentiment ne m'a point trompé. Avez-vous les six cent mille livres?

— Non, répondit hardiment le marquis.

— Et alors pourquoi êtes-vous venu ici?

— Pour parler à votre maître, son excellence Méhemet-Riza-Beg.

— De quelle part, seigneur? demanda Sylvandire en raillant.

— Mais de la part de M. Voyer d'Argenson, lieutenant-général de la police du royaume.

Sylvandire pâlit ; Cretté remarqua l'effet que produisaient ses paroles.

— Son excellence ne peut pas recevoir en ce moment, elle est couchée.

— Eh bien ! dit Cretté, je vais aller chercher quelqu'un qui la fera lever.

— Arrêtez, dit Sylvandire, je vais voir si son excellence est visible.

— Pardon, belle dame, dit Cretté, mais j'ai mes raisons pour entrer avec vous où sinon... Il fit un pas vers la porte.

— Entrez, dit Sylvandire.

Et elle ouvrit une porte qui donnait dans un corridor.

Le marquis la suivit et pénétra avec elle jusque dans le salon de l'ambassadeur qui, assis sur sa natte, faisait le gros dos et prenait des airs de seigneurie ridicule.

— Attendez, dit Sylvandire, je vais faire appeler l'interprète ?

— Inutile, dit Cretté.

— Comment, marquis, vous savez donc le persan ?

— Non, mais Son Excellence, aura la bonté de parler français.

— Il ne connaît pas notre langue.

— Vous croyez ? dit Cretté.

Et s'approchant de l'ambassadeur.

— N'est-ce pas, mon cher monsieur Afghano, lui dit-il en lui frappant sur l'épaule, que, pour moi, vous aurez l'extrême bonté de vous souvenir que vous parlez français ?

L'ambassadeur décroisa les jambes, se renversa sur une de ses mains et regarda Cretté en pâlissant.

— Oh là ! dit Cretté. Mon cher monsieur, si j'avais cru que la figure d'une ancienne connaissance vous produisît cet effet, j'aurais chargé madame de vous prévenir.

— Que voulez-vous, monsieur, dit l'Indien.

—Eh bien, vous le voyez, dit Cretté à Sylvandire, quand je vous disais que son excellence ferait une exception pour moi ! Ce que je veux, mon cher monsieur Afghano, reprit Cretté en se retournant vers le faux ambassadeur, je veux vous prévenir que le roi, que vous avez mystifié, saura dans une heure qu'il a été votre dupe. Voilà ce que je veux.

L'Indien devint livide et porta la main à son poignard.

— Allons, allons, dit Cretté, pas de tragédie, mon cher monsieur Afghano, je vous prie, elle serait inutile ; car je vous préviens que j'ai un second qui connaît toute votre histoire et qui va partir pour Versailles dans une heure si, dans une heure, je ne suis pas de retour à l'hôtel; cependant, mon cher ami, que cela ne vous arrête pas; tuez-moi si cela peut vous être agréable. Je n'ai jamais pu m'illustrer, et une mort semblable me rendrait presque immortel. Le marquis de Cretté tué par son excellence Méhémet-Riza Beg, ambassadeur extraordinaire du très sublime ambassadeur de la Perse. Diable! Mais je serais trop heureux. Non, non, vous déposez les armes; vous en revenez à des intentions plus pacifiques. Eh bien! soit, je suis bon prince, moi; je veux tout ce qu'on veut. Parlons d'affaires.

L'ambassadeur se leva et alla lui-même fermer les portes au verrou.

— Oui, je comprends, continua Cretté; vous avez acheté madame, et vous avez bien fait, car madame est charmante; puis, vous avez fait connaissance, et c'est tout naturel ; puis, la connaissance faite, il s'est trouvé que vous aviez tous les deux à vous plaindre du même homme, de ce pauvre Roger. Alors vous vous êtes dit : « Eh bien ! notre haine est commune, vengeons-nous ensemble. » Sur ces entrefaites, vous avez entendu dire qu'on ne savait plus comment amuser le roi, et comme vous êtes homme d'imagination, vous avez improvisé cette ambassade. Bravo, mon cher, bravo. Il y avait tout à gagner ; vous, vous empochiez les présents que sa majesté très chrétienne avait la bonté de vous octroyer en échange des babioles que vous lui avez remises au nom de votre souverain, auquel, du reste, vous avez fait la réputation d'un pleutre. Quand à madame, elle s'est dit : moi, je me ferai rendre l'héritage de mon père, ce qui est juste ; et ma dot, ce qui est beaucoup moins juste, attendu que madame n'a jamais eu de dot. Sur ce, vous êtes arrivés à Paris, et le hasard vous a servis au delà de vos espérances. Vous avez appris que M. d'Anguilhem allait se marier, et vous avez attendu que le mariage fût célébré. Puis, lorsque la chose a été faite, qu'il n'y a pas eu à s'en dédire, vous vous êtes mis immédiatement à fouiller la mine d'or qui venait de s'ouvrir sous vos pas. Ainsi, vous tirez d'abord de lui six cent mille livres par la terreur de la corde qui pend au cou des bigames. Mais ce n'était pas tout, après cette demande venait une autre demande, après cette exigence, une autre exigence, vous viviez toute votre vie à l'ombre de cette bienheureuse potence, rançonnant le chevalier de façon que, peu à peu, l'héritage de M. de Bouzenois revenait aux mains de M. Afghano.

Je crois avoir touché juste, n'est-ce pas, monsieur? n'est-ce pas, madame? reprit

Cretté, et arrêtant alternativement sur eux un regard moitié railleur, moitié menaçant. Que diable, on est Français et par conséquent on est né malin, comme dit M. Boileau Despréaux, que madame a dû lire dans sa jeunesse.

Sylvandire et Afghano paraissaient anéantis et se courbaient devant Cretté comme deux criminels devant leur juge.

— Ah! maintenant, dit Cretté, que la position de chacun est claire, que le chevalier peut être pendu comme bigame, que M. Afghano peut être écartelé comme faussaire, que madame Sylvandire peut être mise à St-Lazare, comme une coureuse, causons politique.

Vous avez touché un million à peu près du roi de France, mon cher monsieur Afghano. Voici trois cent mille livres, héritage de M. votre père, dans ce portefeuille, ma chère dame d'Anguilhem. Vous avez deux millions encore à peu près à vous, monsieur l'Indien; cela fait en tout, si je sais bien compter, trois millions trois cent mille livres; c'est un fort joli denier avec lequel on peut se retirer à Tripoli, à Constantinople, au Caire, à Hispahan, à Pékin, où l'on veut enfin, et partout mener une existence de sultan. Je ne m'y oppose pas.

— Monsieur le marquis, dit Afghano, je partirai demain, je vous le jure.

— Un instant, un instant, vous partirez, je le veux bien, mais à deux petites conditions que je vais vous dire.

— Dites, monsieur, je vous écoute.

— Vous, monsieur, vous jurez de ne revenir jamais à Paris?

— Je le jure.

— Je vous crois, de votre côté; car votre

serment m'est garanti par la peur que vous avez d'être découvert; je ne vous demanderai donc pas d'autre garantie que votre parole, et je suis bien sûr de ne jamais vous revoir.

L'Indien s'inclina.

— Mais il n'en est pas de même de madame; une fois qu'elle sera séparée de vous, une fois que vous serez partis, une fois que je ne pourrai plus prouver que vous êtes un imposteur et que madame est votre complice, il peut, un jour ou l'autre, reprendre à madame l'envie de revenir s'asseoir au foyer conjugal, ce qui nous gênerait fort, attendu qu'à ce foyer il n'y a de place que pour deux. Je ne m'abandonnerai donc pas à la parole de madame ; mais madame me donnera une petite lettre que je lui dicterai moi-même, et quand j'aurai cette lettre entre les mains, eh bien! madame sera libre de vous suivre au bout du monde.

Sylvandire se récria.

— Il le faut, dit Cretté ; c'est dur, j'en conviens, d'être venu pour dicter des lois et d'en recevoir ; mais c'est une condition *sine quâ non*.

— Et si je refuse ? dit Sylvandire.

— En sortant d'ici, je vais chez le lieutenant de police ; je lui raconte votre petite supercherie à tous deux, et dans une demi-heure, vous êtes à la Bastille.

— Mais, dit Sylvandire, nous ne sommes point isolés, monsieur le marquis ; nous ne sommes pas venus ici sans prendre nos précautions. Nous avons des protecteurs puissants.

— Comme ce n'est pas de M. Royancourt dont il peut être question, puisque j'ai eu l'honneur de lui passer mon épée au travers du corps, je présume que c'est des jésuites que vous voulez parler ?

— Peut-être.

— Hélas ! ma chère madame d'Anguilhem, quoique vous ayez quelque peu fréquenté ces gens-là, vous ne les connaissez pas encore. Vous les compromettriez furieusement en vous reclamant d'eux. Ils ne sont pas des niais, et ils vous sacrifieront.

— C'est vrai, ce n'est que trop vrai, murmura Afghano.

— En ce cas, dit Sylvandire, il faut donc que je fasse...

— Ce que M. le marquis exige, ma chère amie, reprit l'Indien ; croyez-moi, c'est le plus prudent.

— Mais si je vous donne cette lettre, vous nous jurez que vous nous laissez sortir de

France, nous et notre argent, sans nous inquiéter ?

— Je m'y engage sur l'honneur, moi, Alphonse, marquis de Cretté.

— Je suis prête, monsieur, dit Sylvandire en s'asseyant devant une table où il y avait du papier, des plumes et de l'encre. Dictez ; j'écris.

Cretté dicta.

« De Tunis, 11 octobre 1713.

» Monsieur d'Anguilhem,

» Ne pleurez plus ma mort avec cette douleur qui, m'a-t-on dit, éclate dans toute votre conduite. Je vis ; et si je suis tombée à la mer, si j'ai feint d'être noyée, c'était un artifice pour me soustraire à la domination d'un époux que, malgré toutes ses attentions, je ne pouvais me résoudre à aimer, pour passer enfin dans les bras d'un homme que j'adorais. Aujourd'hui, monsieur, je suis devenue sa femme sous d'autres lois divines et humaines, et jamais vous ne me reverrez. Morte pour tous, je veux l'être encore mieux pour vous. Regardez-vous donc, à partir de ce moment, comme parfaitement veuf, et surtout parfaitement libre.

» Et maintenant soyez aussi heureux que je suis heureuse, c'est le dernier vœu que forme pour elle et pour vous, celle qui fut

« Sylvandire , dame d'Anguilhem.»

« P. S. Cette lettre vous sera remise par un homme sûr que mon mari expédie en France. »

— A quoi vous servira cette lettre ? demanda Sylvandire, après y avoir mis l'adresse et le cachet, et en la tendant au marquis.

— Vous le saurez, madame, si, en manquant à vos engagements, vous nous forciez jamais de nous en servir.

Et saluant Afghano et Sylvandire, il s'achemina vers la porte, qu'il ouvrit et du seuil de laquelle il cria à l'ambassadeur, de manière à être entendu de ses gens :

— Daigne, votre excellence, agréer tous mes respects.

Afghano était resté à la même place, tout attéré encore de la scène qui venait de se passer. Mais Sylvandire avait suivi Cretté.

— Marquis, dit-elle tout bas en traversant l'antichambre avec lui, répondez-moi franchement : sa femme est-elle jolie ?

— Moins jolie que vous, madame, dit Cretté, mais elle l'aime davantage.

— Que voulez-vous, répondit Sylvandire, je voulais être princesse.

— Encore un mariage comme celui-ci, madame, reprit Cretté, et vous arriverez à votre but ; vous êtes déjà ambassadrice.

Sylvandire poussa un soupir et rentra lentement dans l'hôtel.

CONCLUSION.

Cretté remonta en voiture, remit ses chevaux au galop et rentra chez d'Anguilhem.

Il trouva Constance qui, dans un petit salon, seule et désolée, pleurait de voir son mari si préoccupé et si sombre.

— Il a cru de son honneur, disait-elle, d'acquitter sa parole, mais bien certainement il ne m'aimait plus.

Au moment où Cretté ouvrit la porte, elle crut que c'était son mari qui venait la chercher et se leva vivement pour courir au devant de lui ; mais voyant que c'était le marquis, elle retomba sur sa chaise.

Cretté comprit tout ce qui se passait dans le cœur de la pauvre jeune femme ; il alla à elle et la rassura.

— Allons, allons, dit-il ; essuyez ces beaux yeux, chère dame, et rentrons au salon ensemble. Dans un quart d'heure Roger sera bien changé, et je vous réponds de l'avenir.

Puis il la prit par la main et s'achemina vers le grand salon.

Breton en gardait la porte comme l'ordre lui en avait été donné.

Le marquis de Cretté, lui fit signe de venir à lui : Breton obéit.

— Mon ami, lui dit Cretté, ouvre les deux battans de la porte, et annonce, de ta voix la plus solennelle, madame Roger d'Anguilhem.

Breton, qui n'avait aucun motif pour empêcher la femme et l'ami de son maître d'entrer, obéit à l'instant même et en enflant ses poumons, ouvrit les portes et fit retentir les voûtes de ce nom si redouté du chevalier :

« Madame Roger d'Anguilhem. »

— Roger, qui essayait de causer avec d'Herbigny et M. de Beuzerie dans le coin le plus reculé du salon, sentit les jambes lui manquer à cette terrible annonce, et, tombant sur un fauteuil, il cacha sa tête entre ses deux mains.

Alors Constance entra rayonnante et le sourire sur les lèvres ; Cretté lui donnait le bras.

Ils s'avancèrent vers Roger, qui entendait le bruit de leurs pas, qui n'osait regarder, et qui eût voulu disparaître à cent pieds sous terre.

— Eh bien ! mon ami, lui dit Cretté en lui frappant sur l'épaule, attouchement qui fit frissonner Roger jusqu'à la moelle des os ; qu'as-tu donc? C'est Constance.

Roger releva la tête en fixant sur son ami les yeux hagards.

— Ah ! Cretté ! ah ! Constance ! s'écria-t-il ; j'avais cru... Pardon.

— Qu'avais-tu cru, voyons ! c'est madame d'Anguilhem qui vient te chercher, et tu as peur, dit le marquis en lui donnant la main, et en lui glissant en même temps la lettre de

Sylvandire. Il est onze heures, chevalier, emmène ta femme.

— Oh oui ! oh oui, s'écria Roger, au bout du monde, s'il le faut.

— Non pas si loin, reprit Cretté, c'est inutile maintenant. — Puis tandis que les deux époux traversaient le salon pour gagner leur appartement : — Vous ne savez pas la nouvelle, dit-il, l'ambassadeur de Perse part demain avec toute sa suite. Je vous engage à voir cet embarquement qui aura lieu à Chaillot, messieurs et mesdames.

— Nous n'irons pas, nous, dit Constance en ouvrant la porte de la chambre à coucher ?

— Oh ! non, répondit Roger en la fermant.

Le lendemain, Cretté communiqua à son ami les deux engagements qu'il avait pris avec mademoiselle Poussette, et dont le premier, la remise de vingt mille livres avait été tenu scrupuleusement la veille par le marquis.

Comme le chevalier était un homme d'honneur et incapable de démentir son ami, nous ne doutons pas qu'en temps et lieu le second engagement n'ait été rempli avec la même fidélité.

Il est inutile de dire que Constance et Roger sont encore cités, non pas à Paris où les grands exemples se perdent vîte, mais à Loches et dans les environs, comme le modèle des ménages.

FIN.

Imprimerie de Giroux et Vialat, à Saint-Denis, près Lagny.

www.ingramcontent.com/pod-product-compliance
Lightning Source LLC
Chambersburg PA
CBHW060405170426
43199CB00013B/2016